B.Plants《ビザールプランツ》

ケープバルブからハオルチア、コノフィツムまで
冬型珍奇植物最新情報

監修　藤川史雄

主婦の友社

自生地の歩き方

それが広漠の地でも、はるか地球の裏側であっても、
栽培者はかの地を訪れてみたくなる。
自生地での植物は、果たしてどんな顔つきなのだろう？

Viola philippii
ビオラ フィリッピィ

アンデスに咲くロゼットビオラ

文・写真｜text・photo＝Mizuho Onodera
小野寺瑞穂

フェリーは利尻の埠頭を離れ礼文島へ向かって波をきり、島影はすぐそこに見えても、私の頭の中では船酔いの心配だけが揺れていました。その島に自生する〝レブンイワレンゲ〟という固有種に出会うための一人旅。それが植物の自生地を巡る旅の始まりになるとは、私自身、想像もできなかったのです。

多肉植物栽培を始めたばかりのころ、岩手という寒冷地で育つ植物を探していたときです。世界の植物／自生地カレンダーにあった「ロゼットビオラ」から目が離せなくなってしまい、海外の種苗会社から種子入手までは行きついたのです。

多肉ビオラとも呼ばれる高山性植物というだけで、栽培情報はまったくありませんでした。春にまいてみた種子は、発芽こそしたものの5月には枯れてしまったのです。しかし、そのころにはパタゴニアの自生地に行ってみたい！と思うようになり、毎年自生地カレンダーのビオラを見るたび思いを強くしていったのです。10年以上抱えた思いをかなえるため、旅行社の「ロゼットビオラの旅」というツアーに申し込むまで、迷いはありませんでした。幸いにも、4年前に行った南アフリカの旅でガイドいただいた、尊敬する植物写真家の冨山稔さんが率いる旅だったのです。

ロゼットビオラには40種ほどがあり、チリの南部パタゴニアから北へ２０００㎞ほどの長いエリアで何種かを見ることができるとか。その場所はアンデス山脈の高地、日本からは果てしなく遠い場所。船酔い、車酔い、飛行機酔いにめっぽう弱い自分のこともそのときはすべて忘れていました。

岩手から成田、ローマ、アルゼンチンの首都ブエノスアイレスを経由さらに国内線を乗り継ぎし内陸の街ネウケン・サパラに降り立ったのは、なんと2日後。そこからが本当のアンデス山脈縦断の旅が始まったのです。

このビオラの自生地は各品種ごとに距離があ

South America CHILE & Argentina

Viola

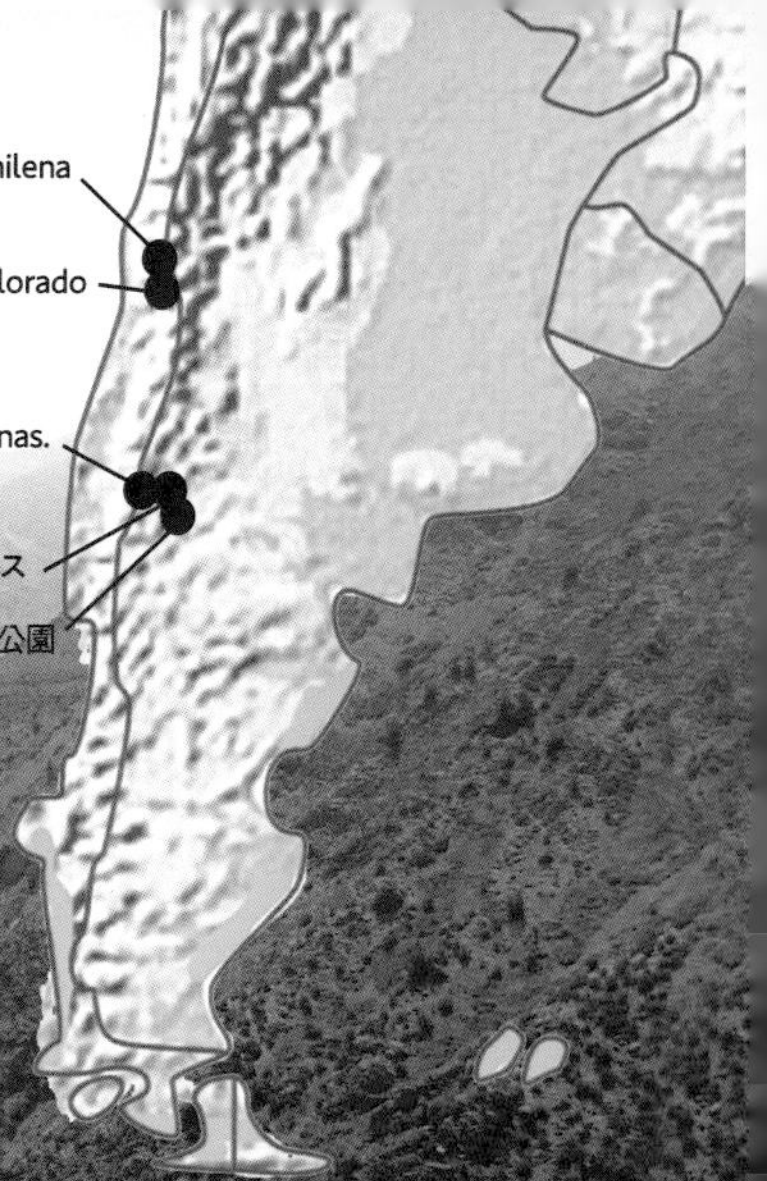

Viola cotyledon
ビオラ コチレドン ③

Pterocactus australis
プテロカクタス オウストラリス ②

Viola atropurpurea
ビオラ アトロプルプレア ④

Viola pachysoma
ビオラ パキソマ ②

Viola montagnei
ビオラ モンタグネイ ④

Viola coronifera
ビオラ コロニフェラ ②

Viola trochlearis
ビオラ トロチュレアリス ②

Viola tectiflora
ビオラ テクティフローラ ①

Viola skottbergiana
ビオラ スコッツベルギアナ ⑤

り開花期も限られるため、冨山さんは「僕がこのコロニフェラの開花株を撮影するまで15年もかかった。そして開花株を見た日本人はおそらくいま私たちが初めてなんだ」と冠のように咲くオレンジ色の花に愛おしそうにカメラを向けながら言いました。

旅の6日目、ネウケンからメンドーサの約1000㎞を飛行機で移動予定でしたが、航空会社のストライキで欠航。やむなくその1000㎞の山脈越えのダートを車移動になったのです。声を出せば舌を噛むような悪路の山道、奥歯を噛みしめっぱなしの私の車酔いも必至でした。そんな道を30時間の移動の末、深夜2時に宿へ到着。そのうえ長距離移動で免疫力を使い果たし、風邪をこじらせ翌日チリの国境を陸路で越えるころには39度近い発熱。しかし翌朝には、酔人のごとくふらつきながら岩場の斜面を這い登ってさらに息を切らしていたのです。

そこにモンタグネイはひっそりと咲いていました。こんなに過酷な道のりを越えて地球の裏側からエクストリームな旅をしてきた女のことなんて、そのスミレたちは気にするそぶりもなくです。

標高3000m。スミレは雪解けの瓦礫の隙間に根づき、ただただ細やかな花を精いっぱい咲かせているのです。だから美しい、そんなふうに納得させられる旅でした。

小野寺瑞穂 おのでら みずほ

岩手県在住。多肉植物との出会いは20代。きっかけはセダム・乙女心(Sedum pachyphyllum)をホームセンターで購入後、すぐに枯らしてしまったことから。
現在は自宅わきのお手製ビニールハウスで原種ハオルチア、ケープバルブ、玉型メセン類を中心に約1500種を栽培。特に実生が好き。
NPO法人日本多肉植物の会/
北東北支部在籍

South Africa
Aloe

赤い大地と石英の刺

佐野 馨

文・写真|text・photo = Kaoru Sano

玄関先の誰も手をかけなくなった花壇には渦を巻くような新葉が勢いを見せている。日本では約800年前の鎌倉時代には薬草として渡来していたキダチアロエ。その場所に自生しているのではと思わせる生命力。根を下ろした環境で生き残った植物の強さと美しさに私は魅せられてきた。

自生地のアロエに興味を抱いたのはアロエ・ペアルソニー（*Aloe pearsonii*）。

ある写真集に小さく載っていたその自生地は、極乾燥下に赤く焼けたそれだけが丘の向こうまで続いていた。その場所は南アフリカ共和国のリフタスフェルトという砂漠のような場所、自分は必ずその場所に行き着くのだろうと運命すら感じた。

それから数年後の2017年7月、南アフリカへの旅を計画していた国際多肉植物協会の小林会長から「ジープの席がひとつ残っているよ」と誘われ、まさにペアルソニーに導かれるように旅が始まった。

ヨハネスブルクからさらに空路西へ、アピントンからはガイドが運転する四駆に乗り、刻々と色みを変える赤い大地を走る。一直線に続く道のわきには、炎のようなアロエが私を歓迎してくれているように見えた。そして、所々に真っ

Quiver Tree Forest
アロエ・ディコトマの森
ナマクアランド、ナミビアに近い丘陵地に数百本のディコトマの森。干ばつが続き、葉色に生気がない。

白な石英を敷き詰めたような場所があり、玉型メセン類など多種多様な多肉植物が朝露に輝いている。まさに多肉天国！

そして3日目、大西洋に面した町ポートノロスから北へ、ついにペアルソニーに会えるのだと思うと胸が高鳴る。

ロデオマシンのように跳ねる車内から、赤い土埃の向こうにリフタスフェルト国立公園のゲートが見えたとき急に車体が傾いた。後輪のタイヤがパンクしたのだ。ドライバーが慣れた手つきでスペアタイヤに交換し、さあ出発！

ところがしばらくしてまた停車。なんとスペアタイヤもパンクしてしまったのだ。そこらじゅうに散らばっている石英の破片は鋭利で、未舗装道路はまるで割れガラスの上を走るようだった。親切な地元の方に乗せてもらいドライバーが数十キロ離れた町までタイヤを買いに行っている間、見たことがないほど青い空の下でソーラーパネルや洗濯物を広げて待つ。

ここは12～13年ほぼまとまった雨も降っていないにもかかわらずゲチリスなどのケープバルブが完璧な渦巻きやツイストを展開していた。その影は刻々と長くなり、赤い大地はオレンジ色に染まった。そして日没、ペアルソニーに会うことはかなわなかった。

しかし、自生地を肌で感じた体験は、その後の栽培方法だけでなく私の人生までも決定づけたといっても過言ではない。

旅は始まったばかり。ペアルソニーに会うのは急がない。なぜなら彼らは「大丈夫」だから。東京某所の屋上で赤く焼けたアロエたちを見つめながら次の自生地に思いを馳せている。

佐野 馨 さの かおる

山梨県生まれ。多摩美術大学大学院油画科卒業。旅をモチーフにした油絵を中心に制作し個展で発表。近年は自生地で見てきた多肉植物やサボテンの絵にも取り組んでいる。
東京日本橋のBar「GATA GATO」オーナーとしての顔ももつ。
スコッチウイスキー、テキーラと音楽の店、旅好きのたには随時休業も。

Aloe falcata
ファルカータ

パンク修理の車を待つ間、ソーラー充電と洗濯物の乾燥。

Namibia

Welwitschia

名古屋サボテンクラブ会長 松本正憲
文・写真|text・photo = Masanori Matsumoto

砂漠は変化を続けるが、「奇想天外」は変わらない

ナミブ砂漠は、世界で最も古い砂漠といわれている。アフリカ大陸西岸にあって、南アフリカ共和国に隣接するナミビアにある。原住のサン人は、ここを「何もない」という意味の「ナミブ」と呼んだそうだ。その日本の国土より広い大砂漠に、ポツンと生きている植物が知られている。

1996年、多肉植物を巡る旅で私たち9人は、南アフリカのヨハネスブルクを経由してこの砂漠までできた。「奇想天外＝ウェルウィッチア・ミラビリス *Welwitschia mirabilis*」。その奇妙な名は、1936年（昭和11年）に種子を輸入することができた石田兼六氏が命名したもので、和名では「砂漠万年青（サバクオモト）」ともいう。

一対の葉を1000年以上にわたって伸ばし続ける、1科1属1種の裸子植物。砂漠に生息するので多肉植物と呼ばれることもあるが、葉がそれほどの多肉質でもなく、地下茎に貯水用の太い根があるわけでもない。年間20㎜にも満たない雨と遠い海から届く霧を頼り、わずかな生長を続けている原始的な植物なのだ。

砂漠にある最も大きく古い株は「グランド・マザー・プランツ」と呼ばれ、推定樹齢1500年以上だそうだ。私たちが訪れたときには、ここを目指す外国人も少なく、この化石植物はとても静かに息づいていた。ただ、この株の周囲には発芽して数年たった子株が数十株も点在し、繁殖の勢いも感じることができた。

そして、幸いにもナビブ砂漠を2年後に再訪することになる。

驚いたのは、そのグランド・マザー・プランツの周囲はフェンスが立てられ、見学用のステップまでもが作られていたこと。それはマナーを忘れた観光客から株を保護するだけでなく、地中根を守るためなのだそうだ。残念なことに、周囲の子株は前年の干ばつでほとんど枯れていたようだった。

しかし、場所によっては子株が一列に並んで生えている場所があって、そこには地下の水脈があるのだろう。この砂漠で生きるために、根を3~10mも伸ばしているはずだ。

今では、実生苗を栽培する日本の趣味家も少なからずいるが、長いパイプの底面給水で栽培し、これは「直根」だと説く人もある。私は、細い根は縦にも横にも広がるのだと考える。砂漠の植物だが根は乾燥に弱い。少し大きめの鉢で腰水をきらさないようにすると、1000年ほども生き続けるはずだ。しかし、誰が育て続けてくれるかは別の話だ。

松本正憲　まつもと まさのり

愛知県一宮で公務員として勤めながら、10代からサボテン、多肉植物を育ててきた。南アフリカなど自生地には13回渡航、その都度新たな多肉植物の魅力を発見できる。名古屋サボテンクラブの会長を20年来務める。

Madagascar
Pachypodium

国際多肉植物協会会長 小林 浩
文・写真|text・photo = Hiroshi Kobayashi

マダガスカル島 現地球の終焉

インド洋に浮かぶ世界で4番目に大きな島、愛好家の誰もが思いを馳せる多肉植物の楽園だ。

私がマダガスカルを訪れたのは、２００８年11月が初めてのことだった。中学生から始まった多肉植物栽培、マダガスカルの多肉植物とは50年以上の付き合いだったので、少し遅すぎる渡航だったかもしれない。

この国は、フランスからの独立後も経済は低迷し政治不安もあり、世界の最貧国とされて治安も悪かった。いかに魅力的な多肉植物が自生していても、軽々と訪れるべき国ではなかったと思う。

濃赤の花をつけるウィンゾリーは、マダガスカル島の北部、アンチラナナ州やマハマザンガ州の丘陵地に自生している。首都のアンタナナリボから離れ北の海岸部へと向かった。道路も未舗装のところも多く、赤土の道につく轍《わだち》を砂煙を立てて壊れそうなトラックが走る。ガイドに案内されて到着した山は、既に盗掘にあって何もなかった。過去には、多くの株が自生していた場所だという。

その場所から20分ほど歩いてウィンゾリー・キャッスル山へ。そこにはたくさんの野生株があったが、今は盗掘が続きわずかな数が自生する状況だ。ここは海岸にも近く、船でスペイン人が運んでしまうという話もある。そこには英国ウィンゾリー城にも見える巨岩があり、その品種名の由来といわれるが、この場所も落城寸前となったようだ。

塊根植物ファンが熱い視線を送るパキポディウム属は、全種がＣＩＴＥＳ（ワシントン条約）で輸出が制限されている。アンボンゲンセ、バロニー、デカリーはⅠ類と厳しいカテゴリー。これまで、グラキリス、ウィンゾリーなどのⅡ類輸入を認めていたのは、アジアでは日本とタイ、欧州はチェコのみで、その他の欧米、ＥＵ諸国はすべての種を自主規制している。コロニーの小さなエニグマチカム、デカリーなどは激減。アロエ類、キフォステンマもＣＩＴＥＳの規制になる。

２０１９年の春から、マダガスカル政府が自然保護のために輸出制限を始めた。政府の公式発表はないが、これまでの〝山採り現地球〟の輸出は厳しく規制していく方向だ。マダガスカルの環境にとって遅すぎる判断かもしれないが、環境への価値観は確実に変化している。

これまで世界の趣味家を楽しませてくれた品種は、実生や接ぎ木によって積極的に保護していくことになるだろう。

小林 浩　こばやし ひろし

1937年12月、東京世田谷生まれ。少年期より70年以上にわたり多肉植物を栽培、現在も世界各地の自生地を訪ね歩く。

アンボンゲンセ自生地にて、チェコの植物学者ピータ・パベルカ氏。彼は、エニクマチカムの発見者でもある。
岩の上にある、球状の塊茎をもつ個体は珍しい。

Pachypodium.horombense
ホロンベンセ

Pachypodium.baronii
バロニー
マダガスカル北部に自生し、樹形が特徴的で変化に富み、赤く美しい花を咲かせる。

Pachypodium.ambongense
アンボンゲンセ

Nepenthes veitchii (Bario)
ビーチ バリオ

熱帯の滋味は
ネペンテス

まさだともこ

文・写真｜text・photo = Tomoko Masada

ランやメセン、アガベなどのようにウツボカズラ（*Nepenthes*）をこよなく愛する人たちもいます。

自生地が乾燥地帯なのか熱帯雨林なのかという違いだけで、多肉植物愛好家から見ても奇異で妖艶なその姿は魅力的ではないでしょうか。

私は、マレーシアやインドネシアなど20回以上のネペンテスの旅を体験している自称画像収集家。自身では植物の栽培はせず、自生地の写真を残すスタイル。いわば「撮り鉄」ならぬ「撮りネペ？」です。

このネペンテスは約１７０種が発見されていて、大きく「高地性、低地性」の２つに分かれます。２０００ｍを超える高地では、高山病のリスクもあるし体力もいるため、私はほぼ低地性。今までに35種以上と対面してきました。

小型のものから、地面に大きな蓋を開けて小動物を待つ「肉食植物」と呼ばれてしまう大型種まで。少し正確にいえば、彼らは蓋の裏の蜜をなめるためにやってきた小動物の排泄物を待っているといわれています。蜜をなめにきて誤ってポチャンと落ちてしまったネズミなどが、衝撃の写真として出回っていると思われます。

とはいえ、私たち食虫植物マニアの探検はシダやつるの絡む熱帯雨林のジャングルを分け入って探すわけではありません。ネペンテスは日差しがある場所を好むため、小道に面した開けた場所に自生していることが多いのです。発見するとしっかり写真に記録した後に、その中の数人（私を含め）は「マイストロー」をリュックから取り出します。

ブラブラ下がるネペンテスの捕虫袋の中から蓋が閉じているものを選び、慎重に蓋を開け、そっとストローを差し込み、消化液のテイスティングをするのです。

品種や地域によって、甘みがあるもの、少し苦いもの、酸味を感じるもの、青臭いもの……味はさまざま。粘度もさまざまでサラサラなものからドロドロで飲み込めないものもあります。この瞬間は残念ながら写真では残せないのですが、植物本来の滋味を感じるところです。

ウツボカズラの消化液は、蓋が開くと徐々に酸度が強くなって、捕獲した虫などを溶かしてしまいますが、原住民が消化不良のときに飲んでいたとか、オランウータンやサルが飲むという話もあり、現地ではモンキーカップとも呼ばれています。そして、あの捕虫袋に米を入れて、ネペンテスご飯を炊く部族もあるのですから、ことさらに奥の深い有用植物といえます。

まさだ ともこ

元CGデザイナー。現在は主婦業の傍ら食虫植物や熱帯生物の写真を撮り続けている。
海外赴任中に知人に預けていた食虫植物が全滅して以来栽培を諦めてデジタル記録に専念。

Nepenthes eustachya
ユースタチア

Tropical Asia

Nepenthes

Nepenthes bicalcarata
ビカルカラタ

Nepenthes albomarginata
アルボマルギナータ

Nepenthes northiana
ノーシアナ

Microhyla nepenthicola
おたまじゃくし
ヒメアマガエルの仲間でN.アンプラリアの消化液の中でのみ成長する珍しいアジア最小のカエル。

蓋の裏についている白い蜜をなめに小動物が集まるといわれている。味はほんのり甘い程度。

Nepenthes rajah
ラジャ

Nepenthes veitchii (Bario)
ビーチ バリオ

Nepenthes lowii
ローウィ

North America ARIZONA

Cactus

Shabomaniac!

文・写真|text・photo = Shabomaniac!

見たい植物は自分で探す

砂漠の旅は、だいたい独りで行く。見たい植物は自分で探す。この日の狙いはペディオカクタスの「飛鳥」（*Pediocactus peeblesianus*）だった。かつての属名でナバホア（*Navajoa*）とも呼ばれる。栽培困難な名品として知られるサボテンだ。球体はわずか数センチと小さく、特徴あるコルク質の刺で枯れ草に擬態する。一年の大半は土にもぐるようにして休眠しているので見つけにくい。野生の姿を見た日本人は、おそらくいないのではないか。

北米・アリゾナ州ナバホ郡。ハイウェイを外れて、未舗装のダートロードへ。うねるような丘が連なる荒野を走る。やがて、礫の多い地形が目につくようになる。微妙な斜度があり、小石を敷き詰めたような丘。「飛鳥」が好む地形だ。車を止めて、丘を上っていく。地面に目を近づけ、這うように探索する。30分、1時間……もちろん、そんな簡単に見つかるわけがない。

私の自生地探索の原点は、スティーブン・ブラック（Steven Brack）氏との出会いだ。彼は、カクタス＆サキュレントの世界的な種子サプライヤー、メサガーデン（Mesa Garden）のオーナーだった。前世紀末、まだ20代だった私は、栽培の難しい北米高地のカクタスの種子を彼から購入していた。栽培法についてのやりとりが続くうち、だったら一度生えている場所を見に来い、と言われたのだ。彼のナーセリーは、ニューメキシコ州の砂漠の真ん中にある。数千種の希少な植物が集められた類を見ないコレクションだ。着いたその夜は作戦会議、翌朝は日の出とともに米南西部の自生地へ。彼のトラックの後をレンタカーで追う。ハイウェイで目的のエリアに入り、そこからガタガタの未舗装道路を走り、後は徒歩。時には登山。夜は野営。1種を見るのに1日かかる。ツアーだったら成立しない。

翌年からは、独り旅になった。まず彼のもとを訪ね、どのエリアで何を見るか、知恵を授かる。当時まだGPSは一般的ではなく、記憶力が頼りだ。彼はSBナンバー（※注1）がついた1000を超えるロカリティを精密に覚えている。地図を開きながら、「ダートロードに入って、西に1.5マイル走ったら車を止めろ。降りて北西に30歩進め。丸い大きい岩がある。南西に向きを変えて15歩行ったら下を見ろ。そこにある」といった具合。

こうした情報と、彼から借りたキャンプ用具一式を携え、砂漠に走り出す。時に彼を通じて知り合った各国の探索者と合流することもあったが、基本は単独行。同じアメリカ南西部の砂漠を10年以上、幾度も旅した。延べで100日余り。やがて、情報のある場所ばかりでなく、自分で新しいコロニーを見つけたくなる。情報らしい情報もない場所で、目当ての植物を自力で見つけたときの感激は言葉にならない。宝探しそのものだ。

私が没頭したペディオ・スクレロ類の探索の中で、最も難易度が高い標的が「飛鳥」だ。数が少なく、なにより小さい。隠れる、もぐる。それまで、貰った情報を頼りに何カ所も探したが、出会うことができなかった。この日も、何カ所目かのトライで、もう日没が近かった。あてもなく丸石だらけの丘に這いつくばって2時間。最初に見つけたときは、目の錯覚かと思った。目の前にあるのに、信じられない。顔を近づけて、コルクのような独特の刺に頬を寄せてみる。少しも痛くない。思わず両手を上げて、無人の荒野で雄叫びを上げた。こんな出会いがあるから、自生地の旅はやめられない。

※注1　フィールドナンバーといい、採取者が植物を産地ごとに整理した番号。同じ種であっても、産地違いで複数のナンバーがある。

Pediocactus peeblesianus ssp. *peeblesianus* (Navajoa peeblesianus)

ペディオカクタス・飛鳥

グランドキャニオンを中心とする狭い範囲にのみ分布する稀種。古くからの名品だが、栽培は難しく、種子から正木で咲かせるのはチャンレンジだ。(撮影場所:アリゾナ・ココニノ郡)

Echinocactus polycephalus ssp. *xeranthemoides*

エキノカクタス・黄刺竜女冠

有名な強刺サボテン「大竜冠」の亜種で、より女性的で優美な姿。アリゾナ州北部の狭い範囲にのみ分布。この個体は貴重な純黄刺タイプ。(撮影場所:マーブルキャニオン)

Echinocereus triglochidiatus

エキノケレウス・尠刺蝦

朱色のカップ咲きの花が美しいエキノケレウス。直径1m近くもある大群生は野生株ならではの迫力。(撮影場所:アリゾナ・アパッチ郡)

Sclerocactus parviflorus

スクレロカクタス・彩虹山

アリゾナ、ユタ、ニューメキシコ、コロラドの4コーナー(Four Corners)各州に分布。栽培困難だが自生地での適応力は強い。(撮影場所:アリゾナ・ココニノ郡)

Shabomaniac!

砂漠植物を中心に、世界中の面白い植物を栽培中。種子からの育成に力を入れています。自生地の旅に一緒に出かける人を募集中!

@shabomaniac

Blog:shabomaniac.blog13.fc2.com

青磁炉

seijiro

Agave utahensis ssp. nevadensis

エボリスピナ

Agave utahensis ssp. eborispina

photo／Shabomaniac!

ユタエンシスの顔

アガベ・ユタエンシスはアメリカ合衆国南西部の広い範囲に分布し、産地によってさまざまなタイプがある。日本の業界では「青磁炉」と呼ばれる*A. utahensis ssp. nevadensis*が長く名品として愛されてきた。青みの強い細葉で密集したロゼットを作り、葉端の刺は焦げたように黒く尖る。その名の通りネバダ州に基準産地がある。一方「エボリスピナ」と呼ばれる*A. utahensis ssp. eborispina*は、同じく葉先に長い刺をもつが、これが象牙のように白いのが特徴とされる。だが、ネバダからカリフォルニア、ユタと連続的に分布するなかで、両者ともに「ユタエンシス」にまとめるべきという見解が優勢だ。

私は自生地で、「青磁炉」と「エボリスピナ」のコロニー、複数箇所を訪ねたが、両者の顔つきに明確な違いは見いだせなかった。変化は段階的で、白い刺と黒い刺、長い刺と短い刺、直刺とうねる刺、同じ山にそれぞれが混在する。一方で、集団の平均値としての顔の違いは確かにある。全体に刺が白く長い株が多い山、とか。

２０１９年の今、この種の大株がアメリカ合衆国から数多く導入されている。多くは「エボリスピナ」の名で流通しているが、「青磁炉」の顔も多数見られる。「本物のエボリスピナは？　青磁炉は？」などという声も上がるが、自生地を歩いた感覚からすると、単体の個体をどう呼ぶかあまり厳密になる必要はなさそうだ。また、栽培するうえで、「高山性で暑さに弱い」という風評があるが、実際にこれらが生えているのは炎熱の岩山である（平原にはない）。冬季には積雪もあり、一年中、風が吹いている。日本の高温多湿の夏に、根元に水が滞留することは好まないが、強い光線と高い気温は問題ない。

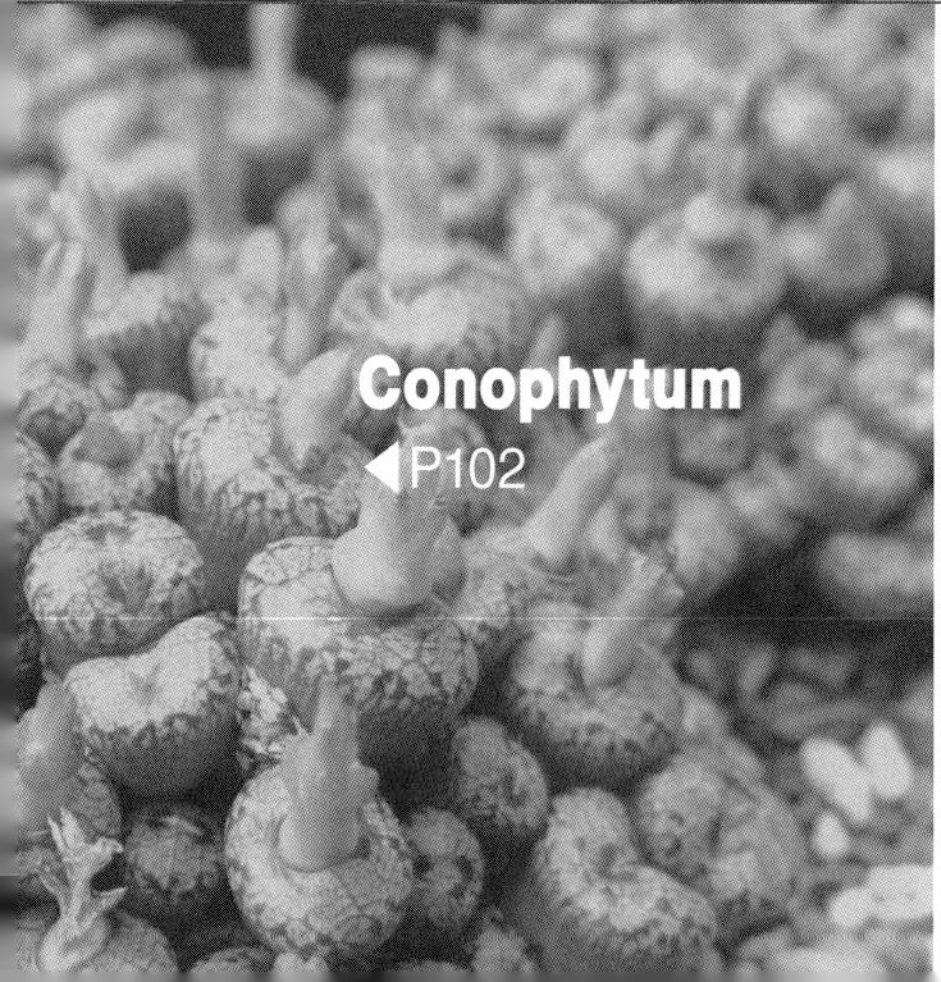

原種主義

原種とは、自生地、原生地に自然のままに存在する未交配種。

植物を栽培し愉しむという園芸は、人間の手によってさまざまな交配種を作出してきた歴史がある。

人の手で作られた優良な交配種も見事ではあるが、多肉植物をはじめとする珍奇な植物の愛好者の間には、自然が長い時を経て作り上げた原種の中にひそむ魅力に、強く惹きつけられる者も少なくない。

ハオルチアを自生地から知る

前川英之
解説写真｜commentary・photo = Hideyuki Maekawa

Haworthia joubertii, Rooinek Pass

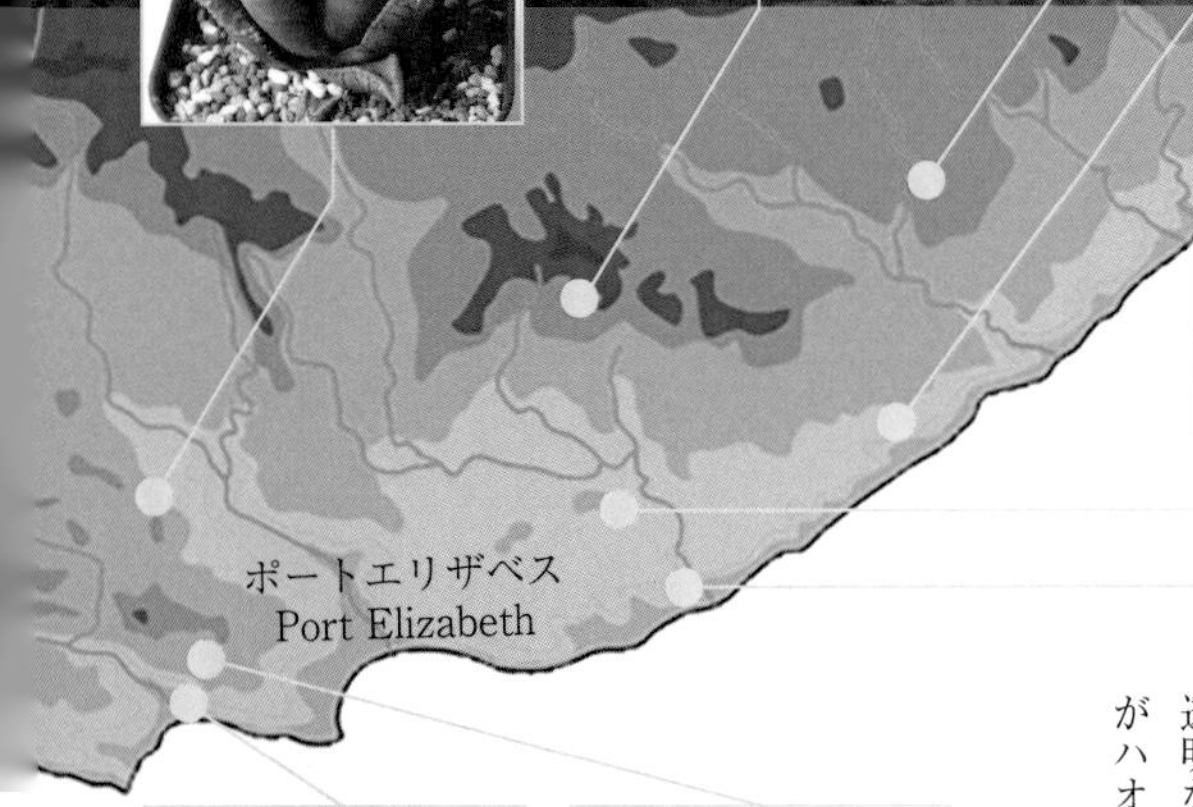

H. cymbiformis
シンビフォルミス
▶P22

H. venusta
ベヌスタ
▶P22

H. gordoniana
ゴルドニアナ
▶P23

H. venetia
ベネチア
▶P22

アフリカ大陸の最南端に位置する南アフリカは、122万㎢と日本の約3倍の面積をもつ。その全土にハオルチアは分布し、特に南西エリアの西ケープ州・東ケープ州に多くの種が自生する。地図に掲載した原種は全体の一部ではあるけれど、東→西に（西→東に）丁寧にたどっていくと、相互の関連性や流れのようなものが見えてくる。

南アフリカは地域によって差のある微気候のため一概に言えないものの、西・北ケープ州では年間雨量の2/3が冬季に集中し、東に移るにつれて夏季にも雨を得られる気候となっていく。

雨の少ない時期を生存するために根や葉が多肉化したハオルチアは、苛烈な日差しを避け、急激な蒸散を防ぐために陰をもたらす低灌木や岩の隙間などをすみかとする。多肉植物の中でも日陰をより好みつつ、陽光を効率的に集めるために葉に透明な窓をもつ種が多く、その特異な形態がハオルチアの魅力のひとつ。

A H. namaquensis ナマクエンシス ▶P20

B H. nortieri ノルチェリ ▶P20

C H. semiviva セミビバ ▶P20

D H. pubescens プベスケンス ▶P21

E H. shuldtiana シュルドチアナ ▶P21

F H. mirabilis ミラビリス ▶P21

G H.groenewaldii グロエネワルディ ▶P20

H T. opalina ツリスタ・オパリナ ▶P20

I H. multifolia ムルチフォリア ▶P20

J H. atrofusca アトロフスカ ▶P20

K H.joubertii ヨーベルティ ▶P21

L H. maughanii マウガニー ▶P21

M H. decipiens デシピエンス ▶P21

N H. pygmaea ピグマエア ▶P22

O H. picta ピクタ ▶P22

P H. erii エリー ▶P22

Q H. comptoniana コンプトニアナ ▶P23

C

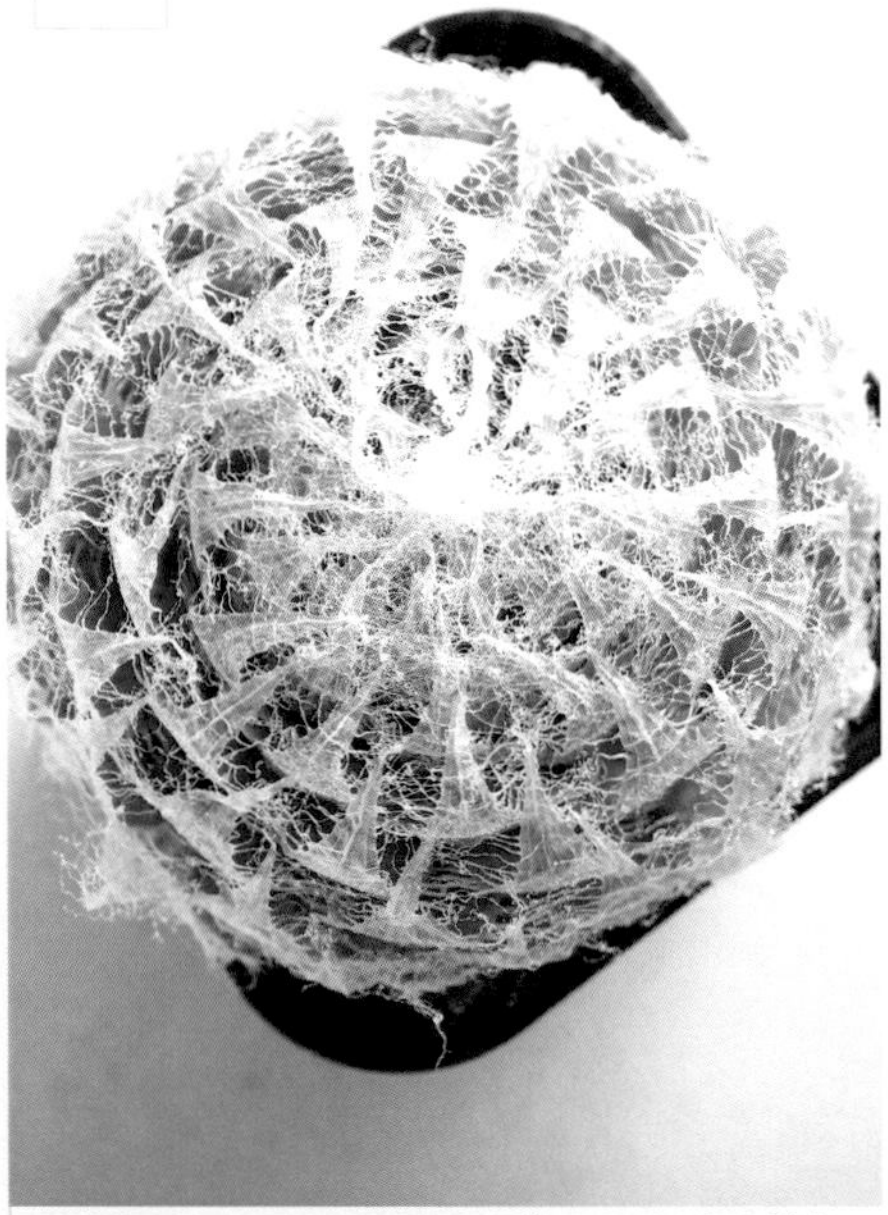

H. bolusii v. *semiviva*, GM239, 'Villa Rosa' S of Middelpos

セミビバ

極薄の葉が枯れ込むさまが美しい。このナンバーのセミビバは球形になることから、spheroidea という種名が提案されたこともある。

B

H. nortieri v. *nortieri*, NW of Clanwilliam

ノルチェリ

格子状、時には気泡様の窓が特徴。変種のグロボシフロラとは花の形で区別される。自生地では岩の隙間を好み、直射光を避けていた。

A

H. namaquensis, EA1143, Kareeberg

ナマクエンシス

属中最北端に自生するハオルチアといえばナマクエンシス。アラクノイデア基本種を小型化したフォルムでより明るい色が特徴。

J

H. atrofusca v. *atrofusca*, JDV90-091, Spitzkop

アトロフスカ

暗緑～紫の葉色は、日によく当てるとさらに赤黒く変色する。つやめく肌質も魅力だ。

I

H. multifolia v. *major*, JDV95-23, Garcia's Pass

ムルチフォリア

ムルチフォリアの中でも窓の透明度が高く、白くけば立っているため陽光で白く輝く。

H

Tulista opalina v. *opalina*, GM718b, Brandrivier

ツリスタ・オパリナ

他のツリスタでは白く濁る結節が、オパリナは透き通る。宝石名を冠するにふさわしい。

G

H. groenewaldii, MBB7801, Buffeljagdsrivier

グロエネワルディ

基準産地ではない自生地を訪ねたが(Rotterdam)、個体差が非常に大きい群落で、白点株から無紋株まであらゆる顔があった。

H. mirabilis (hammeri n.n.), MBB7500, Die Kop

ミラビリス

ミラビリスとムチカまたはマライシーとの自然交配種といわれる。くびれたようにも見える二等辺三角形の葉はより西に自生するバディアにも似る。

H. maraisii v. *shuldtiana*, MBB6516, Goudmyn

シュルドチアナ

小型で窓だけを潜望鏡のように地面から出す。草系とレツーサ系の中間にあるような種で地域差が大きく、分類も混乱している。

H. pubescens, LAV23558, Sandberg Hill

プベスケンス

微毛をまとって優しい印象のハオルチア。動物保護区内の丘が自生地で、事前に許可を得たが、多雨によるブリード川の氾濫で入域できなかった。

H. decipiens, JDV92-135, SE Prince Albert

デシピエンス

端正な葉姿と荒ぶる鋸歯が均衡する美種。以前変種とされていた *H. cyanea* も含め分布域が広く地域差も大きい。

H. maughanii, IB4820, Calitzdorp

マウガニー

いわゆる「万象」の原種。「玉扇」と自生地は重なり、現地では自然交配も見られる。

H. arachnoidea v. *joubertii*, IB7141, Eikenhof

ヨーベルティ

栽培下では基本種の数倍の大きさに育つ。自生地でも大型株を確認した。いわばアラクノイデアの女王。窓模様もうっすらと入る。

P

H. rooibergensis v. *erii*, VDV443, Doornkloof

エリー

険しい山中が自生地で、エリー探索だけで半日は必要といわれ断念。エリーのような隠れ山系種がすまう未踏の地はほかにも多数あるだろう。

O

H. picta, JDV90/07 Zebra

ピクタ

「玉万」に次いで実生選抜が進んでいるといっても過言ではないピクタ。白点も斑紋も少ないけれど、原種の窓色は深い海のよう。

N

H. pygmaea, JDV84-15, Great Brak River

ピグマエア

無数の白色微突起が葉を覆い尽くすさまは雪原のよう。多くの交配親となっている原種のひとつ。

W

H. salina v. *venusta*, JDV94-05, Alexandria

ベヌスタ

その毛の奥には澄んだ青窓があって、毛の遺伝だけでなく、透明形質のために交配利用されることも。

V

H. cymbiformis, Howiesons Poort, S of Grahamstwon

シンビフォルミス

一見普通のシンビフォルミスだが、以前は裸名がmeari（目あり）とされていた。しっかり日に当てると葉先が赤く染まる。

U

Haworthiopsis nigra, IB8580, immediately E of Adelaide

ハオルチオプシス ニグラ

テッセラータに次いで分布域が広く、葉姿にはやはり地域差がある。黒肌の縄文模様は忍者装束かよろい鎧のよう。

T

H. venetia, MBB6805, NE of Hankey

ベネチア

余計な装飾のないシンプルなデザインで、メロンソーダ色の葉姿と相まって爽快感すら感じる種。

S

H. gordoniana, IB12432, Zuurbron

ゴルドニアナ

「ゴルドニアナの注文は日本からが特に多いのはなぜか」と海外のナーセリーから質問されたことがある。自問もすれども、ただただ美しい。

R

Haworthiopsis sordida v. *sordida*, IB13675, NE Die Bordjie

ハオルチオプシス ソルディダ

黒葉が特徴だが肌質・紋が産地によって少しずつ異なる。生長が遅いことすら価値。

Q

H. picta v. *comptoniana*, IB4502, Willowmore

コンプトニアナ

ドーム型の透明葉に揺れる葉紋は人の琴線に触れるのだろう。多くの美しい交配種を生んでいる。

Z

Haworthiopsis koelmaniorum v.mcmurtryi, GM272, Groblersdale

ハオルチオプシス マクマトリ

ムプマランガ州近辺が自生地（夏季降雨地帯）、基本種に比べ変種マクマトリはごく小型で生長は遅い。

Y

H. ikra, ISI1762, Bolo Nature Reserve

イクラ

町の園芸店で見かける「雫石」はおそらく本種のこと。ちゃんと学名もある原種だと知ったときは驚いた。属中では最東端に自生する種のひとつ。

X

H. leightonii v. *davidii*, IB6970, Paine's Hill

ダビディ

東ケープ州カイザーズビーチから北西方向にレイトニー、ドルディ、ダビディと赤葉ハオルチアが線上に分布。

Haworthia

ハオルチア
南アフリカ共和国西ケープ州

前川英之
文・写真｜text・photo = Hideyuki Maekawa

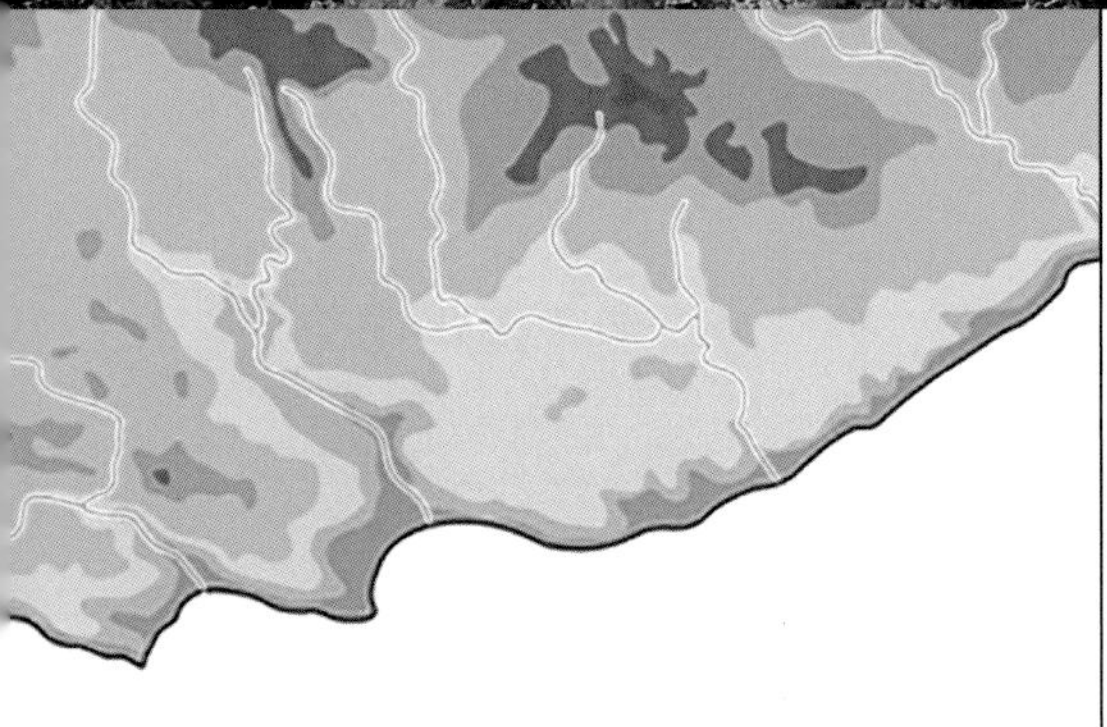

赤線が今回のルート。今回は西ケープ州を中心に回った。ケープタウンから東進し、オウツフルンを中心とするリトルカルー域に入り、クラヴェールまで北上。全11日間、約1800km。

自生地へ

その美しさからハオルチアを育て始め、多様さに驚き、原種データに興奮を覚え、産地情報から自生地マップを作っているうちに、いつか南アフリカを訪れたいという気持ちが固まっていった。

「一生に一度は」と初めて訪れた自生地は２０１８年夏の終わり。ダム貯水量が枯渇しかけたほどの大干ばつだったが、身を縮め深く土にもぐり、息を殺すようにして雨を待つハオルチアは気高かった。２年も続いた干ばつは幸いにも２０１９年に終息。気づけば再訪の計画を始めていた。地主のパーミッションを得られなくて入域できなかったエリアや、時間がなくて見送った稜線に再挑戦すべく。

原種ハオルチアを求め
ケープへ、再び

Haorthia. cyanea, Rooiloop

前川英之《まえかわ ひでゆき》

東京都在住。原種中心に1000データのハオルチアと暮らす。トレッキングGPSはGarmin eTrex30、ドローンはDJI Mavic2 Zoomを使用。いつか南アフリカに住むのが夢。

HP : jukanmuri.com

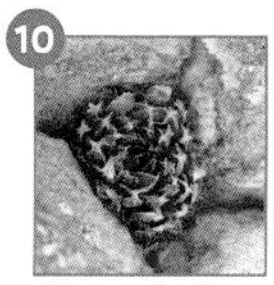

H. nortieri
ノルチェリ▶
P26

H. dimorpha
ディモルファ▶
P30

T. ohkuwai
ツリスタ・オークワイ
▶P35

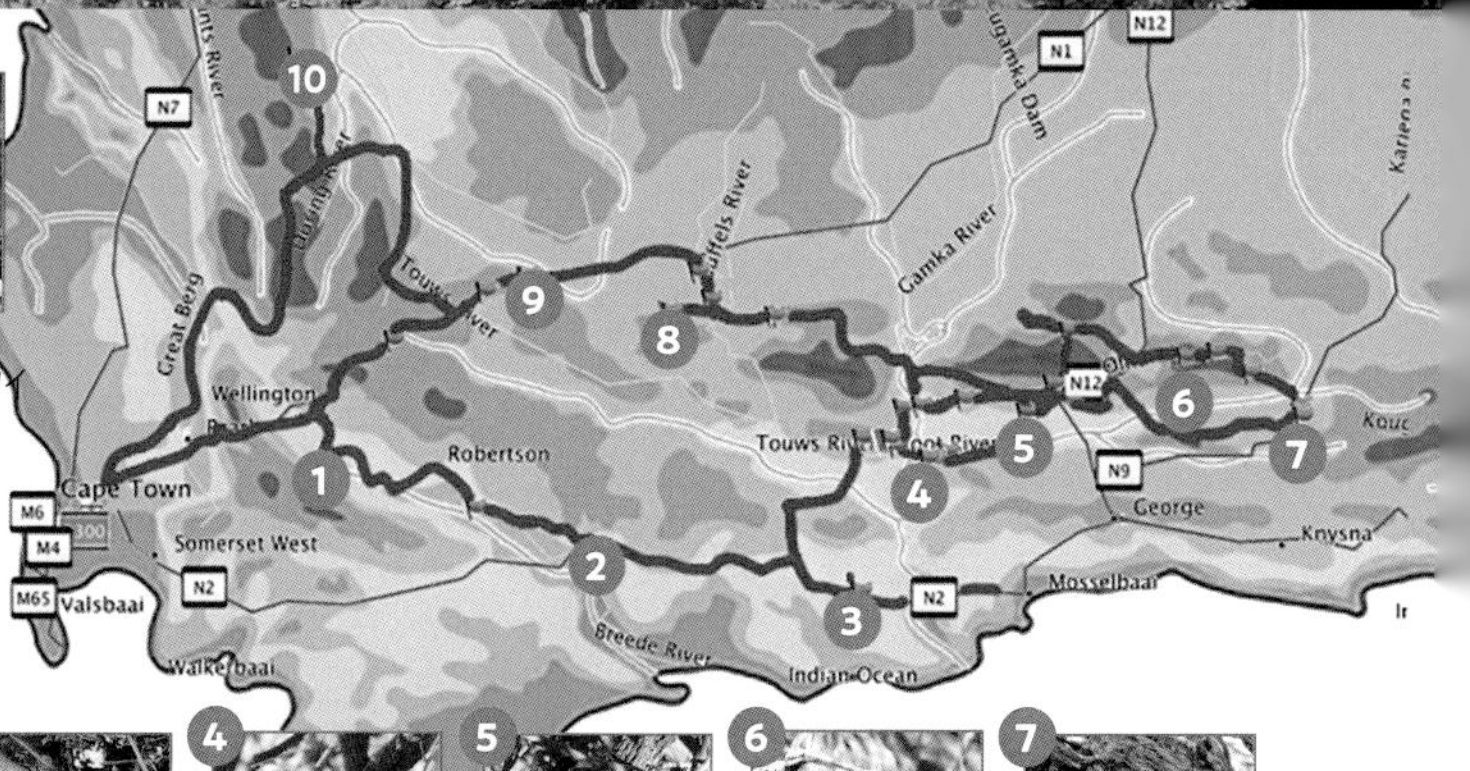

H. livida
リビダ
▶P33

T. marginata
ツリスタ・
マルギナータ
▶P35

H. splendens
スプレンデンス▶
P34

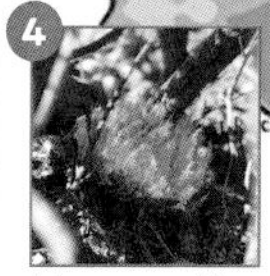

H. crystallina
クリスタリナ
▶P28

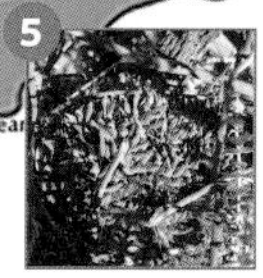

H. starkiana
ハオルチオプシス
・スターキアナ
▶P35

H. cyanea
キアネア
▶P26

H. bayeri
バイエリ
▶P34

フィールドデータから知る

多肉植物の中でも地域差が大きく、多様な葉姿をもつがゆえに、原種ハオルチアの分類はいまだ終着を見ない。1695年にアロエ属の一種として命名されて以後300年、葉や花による形態的分類から、フィールド調査による地理的分類、そして現在のゲノム解析へと幾度もアップデートされてきた。

研究者たちの積極的なフィールド調査の成果として、原種ハオルチアは固有データを豊富にもつ。フィールドナンバー（採取番号）とロカリティ（発見場所）だ。その細かな情報が原種株のタグには記されてあるのをご存じだろうか。例えば、タグに書かれているアルファベットは発見者の略称。MBBはベイヤー氏（M. B. Bayer）、GMはマルクス氏（Gerhard Marx）、JDVはベンター氏（J. D. Venter）、JILはヤクブ氏（Jill Jacobs）であり、研究者・採取者情報を表す。

Haworthia nortieri v. *nortieri*, MBB7523,
属名　種小名　変種名　フィールドナンバー
Matsikama Mountain, SE of Vanrhynsdorp
ロカリティ

俯瞰すると見えてくること

種小名は分類学者の学説により異なるが、フィールドナンバーとロカリティは変わることのない永続的な情報で、栽培株がどの地域に自生しているかの手がかりとなる。さらに、「ロカリティデータ」は「緯度経度データ」に変換ができる。緯度経度データであればオンライン地図に描画ができる。

むろんロカリティはあくまでも地名や方角情報でしかない（可読性と盗掘防止のため）。本当の自生地を表すGPS情報ではないので、あくまでも参考情報でしかないが、地図で俯瞰《ふかん》して初めて見えてくることもある。

例えば、西ケープから北上していくように見える気泡窓をもつハオルチアたち。小カルーから大カルーへの過乾燥への適応としての「薄葉化」や「強鋸歯化」の流れ。東ケープの赤色の遺伝子プール。龍脈のように全土に広がるテッセラータたち。等々、環境への適応や、相互影響が地図を透かして立ち上がってくる。植物体そのものの美しさはもとより、データを通じて見える連続性もハオルチアの魅力のひとつといえるのではないだろうか。

Haworthia nortieri, Mt. Ceder
ノルチェリ

Haworthia cyanea, Rooiloop
チアネア

Haworthia herbacea, Lemoenpoort
ヘルバセア

Haworthia arachnoidea v. *joubertii*, Rooinek Pass
アラクノイデア

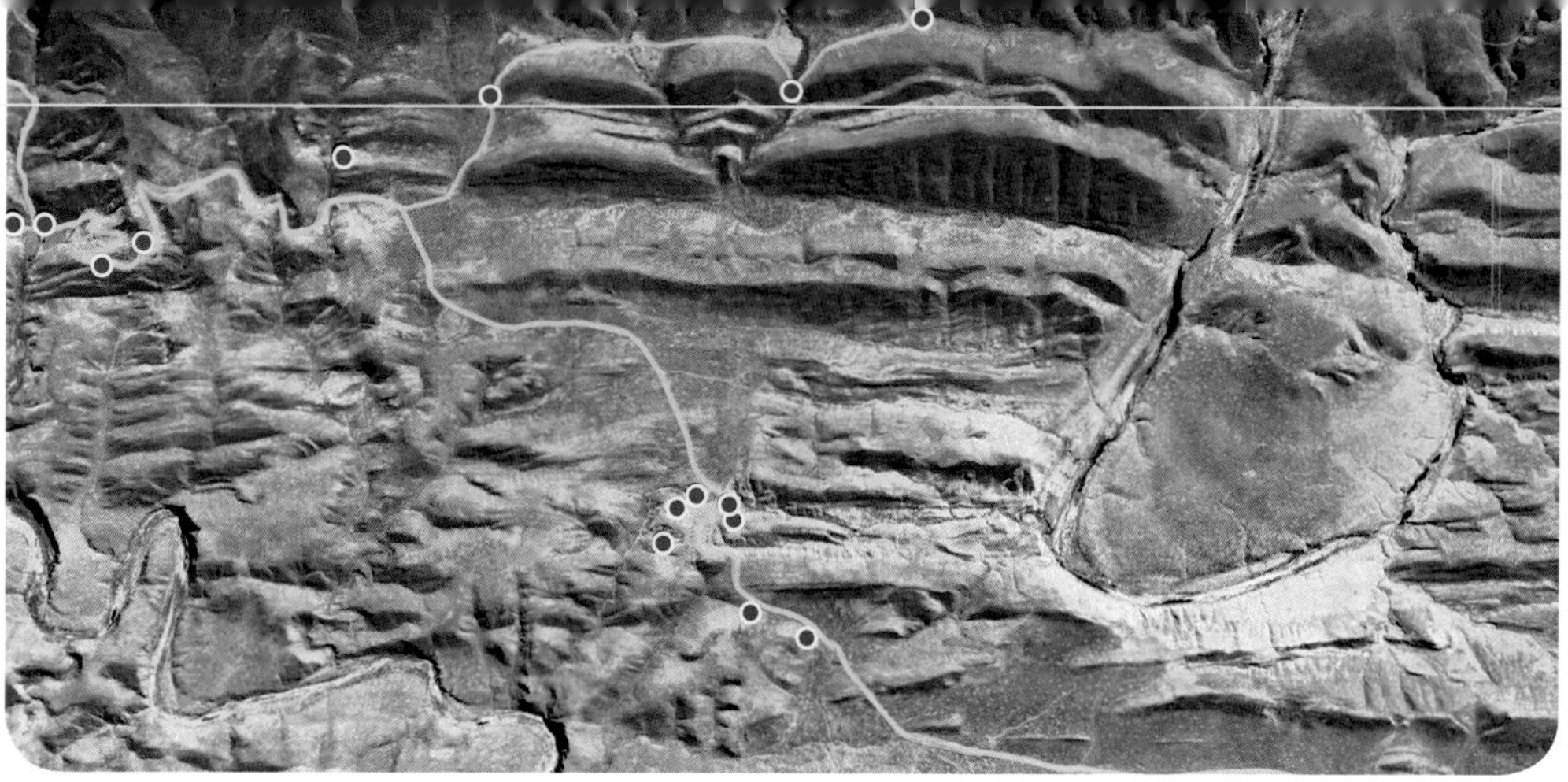

右図は、自生しそうな候補として渡航前にマーキングした衛星写真。黄色の点を置いた土壌は、石英質で白っぽいことがおわかりいただけるだろう。青い線は現地で実際に通過したルート記録。

旅の準備

ハオルチアの自生地だけを巡るツアーは存在しないため、個人で企画手配しなくてはいけない。とはいえ、現地に単身で乗り込んでハオルチアを探すというのは初入国ではまず難しいだろう。現地ガイドを探すことから始めた。現地のナーセリーや著名な学者に手当たりしだいコンタクト。ようやく一人のガイドを紹介してもらった。そのガイドと何度もメールを往復して計画を立てていく。滞在期間と希望種を相談し、ルートを合意すれば、後は宿や車の手配だけだ。

若くて、体格がよく、長時間の運転も苦にしない頼りになるガイドだった。結局２度とも彼と旅をした。アフリカーンスが母語なので英語での会話はお互いおぼつかないのだが、学名は万国共通のラテン語なので植物話はよくはずむ。いまや大切な友人となり、「どちらを応援するか迷ってしまうね」とテキスティングしながら、ラグビーワールドカップ南ア対日本戦を応援しあった。

初めての自生地へ

２０１８年３月が初入国。ヨハネスブルクからケープタウンへの機内から眼下に見た赤い大地は忘れられない。このどこかに息づく植物たちの幻が見えるように感じられて、20時間のフライトでバテていた体中の細胞が一気に目覚めた。

渡航前から案じていた通り、大干ばつのために行く先々で過乾燥の茶色の風景が続いていた。触れた大地に水分は一切なく、車が通った後には土煙がいつまでも漂った。それでも枯死することなく、身を縮め深く土にもぐり、息を殺すようにして雨を待つハオルチアはたとえ外葉が枯れ込んでいても美しかった。

順調な旅だったわけではない。地主の許可を得られなくて入域できなかったエリアがあった。時間がなくて見送った稜線があった。渡航前に見たいと決めた種の半分も見られなかった。

帰国後は栽培株を見る目が変わっていた。植物の背後に自生地の風景が広がって見えるようになった。幸いなことに、２年も続いた干ばつは２０１９年に終息。自生地の植物たちを思うと雨のニュースは喜ばしかった。気づけば再訪の計画を始めていた。前回を踏まえて、今回の目的は、冬姿を見ること、前回断念したエリアに再挑戦すること、ＧＰＳ情報なしで探索すること、そして空撮すること。

パーミッション（許可）とGPS情報

実際にハオルチアに出会える時間は旅の間でごくわずかだ。分布図を見ればそこかしこにハオルチアが自生しているように錯覚するが、ごくごく限られた場所にしか自生しておらず、１日の大半が車での移動に費やされる。地主の許可をとらないと入れない自生地も多い。数時間かけてたどり着いても許可が下りなかったり、地主が不在で交渉すらできないときだってある。２０１８年はそれで泣いた。今回は可能な限り渡航前にメールや電話で許可を得た。

入域できさえすれば、ＧＰＳ情報があれば自生地発見はあっという間だ。発見とすらいえない。最初はそれでもうれしい。自生姿を見ることができただけで高揚する。でも不思議なことに段々面白くなくなってくる。ラベル付きの植物を植物園で見て回っているような気持ちになってくる。

自生地探索の実際

ＧＰＳ情報のない探索はエキサイティングだ。数時間歩き回って空振りのときだってある。そこに自生する保証はないのに、アカシアの鋭い刺をかき分け、のしかかるような巨岩を懸垂しないといけない。滑落の恐怖、手足の傷、打撲、蓄積する疲労と衣服の汚れ。それが自生地探索の実際だ。１カ所にとどまるような旅ではないため、洗濯がままならず、前日と同じ靴下を履く日がきてしまう。さんざん歩き回った後の登山靴を脱ぐ瞬間の開放感といったらないが、目頭が熱く（痛く？）なったのはホッとしたせいではあるまい。何日目かの靴下のにおいは本当にすごい！

場合によっては手分けをしてハオルチアを探すので、ガイドとはぐれることもある。たとえ叫んでも誰も答えてくれない無人の荒野に一人立つ。あの孤独感、聞こえるのは運動不足の体から出る荒い息遣いのみ。そんなときに嗅いだワイルドローズマリーの香りは忘れられない（*Eriocephalus africanus*）。ケープ・スノウブッシュと呼ばれるように、西ケープでは一般的な植物で、ハオルチア探索中のあらゆる場所でこの低木に出会った。体が触れるたびに清涼な香りが立ち上って一息つくことができた。

ワイルドローズマリー

Haworthia inconfluens v. crystallina, Rooiberg

ハオルチア・クリスタリナ

Haworthia inconfluens v. crystallina, Rooiberg
クリスタリナ

GPSなしの探索行

西ケープ州オウツフルンの南西に位置するルーイベルグ・ガムカベルグ山系にクリスタリナは自生する。その名の通り透明できらめく葉をもつ種だ。２０１８年には3カ所回ったが、時間がなく通過するだけにとどまったスポットもあり心残りだったエリアだ。

渡航前に衛星写真で選んだ自生候補地は約40スポット。夜明けから日沈までの10時間、つまり30分～1時間程度が1スポットにかけられる時間だった。

2日間の探索の結果、2カ所の新産地を発見した。各群落は数㎞～10㎞程度離れているが、鋸歯の強い群落、弱い群落があり、まったく欠落している群落も存在した。葉姿が混ざり合う場所もあって、ハオルチアの連続性を垣間見ることができてうれしかった。

ルーイベルグ南部では（おそらく）採取記録がないアラクノイデア（*H. arachnoidea*）を見つけたことも驚きだった。透明窓のクーペリ系と、黄緑色のインコンフルエンス系に、鋸歯の強いアラクノイデア系が浸透したのが本種なのかもしれない。

その他の候補地は空振りで終わったが、フィールドガイドたちの間にはこんな言葉がある。「何もなかったわけではない。ただ見つからなかっただけだ（We won't say there's nothing. We just found nothing.）」と。

ハオルチアが好む場所

GPS情報がないときに頼れるのは、以前に見た自生地の状態だ。まず方角と地形。南斜面を好むのか、より日当たりを好むのか。次いで土壌の色。赤土を好むのか、白い砂礫を好むのか、または岩の隙間を好むのか。その次にコンパニオンプランツたち。一緒に生えている植物は何だったのか。灌木類の種類は同じか。このアドロミスクスに見覚えがあるか。さらに言うと、水系地図も役に立つ。水は植物や虫を伝播する。例えば、クリスタリナ（*H. crystallina*）の自生地をたどると、見えない枯れ川も含め、水の道でつながっていた。

体験知のようなものがたまっていくと、一瞥しただけでありそう、なさそうという感覚が備わってくる（気がしてくる）。ただし、種によって好む環境は違うため、それまでの知識や感覚が役立つとは限らない。五感を全開にして探す。だから面白い。

H. crystallina?, West of Gouritzrivier

クリスタリナ？

ホウリッツリフィール西側に位置する群落。クーペリ系に似た丸みを帯びた姿。無鋸歯！　葉紋が太く、その周りに白銀色の雪片様が散って美しい。ほかのコロニーでも花芽が上がっていたが、最も進行が早く、開花株もあった。前川個人としては新発見の自生地。

H. crystallina aff., near Van Wyksdorp

クリスタリナ近似種

最も西寄りの群落。やや白みがかった透明窓に黄緑色の葉脈がゆらめく。短めの鋸歯。ルーイベルゲンシス（*H. rooibergensis*）の産地そのものか、またはその近くと思われる群落なのだが、残念ながら基準産地の成体株を見たことがなく比較できない。

H. crystallina aff., East of Gouritzrivier

クリスタリナ近似種

ホウリッツリフィール東側の群落。たどり着いたのは日没間際。小雨が降り始めたので急いで撮影をした。GPS情報なしで初めて見つけたクリスタリナで印象深い。写真の通り、鋸歯のない個体と鋸歯の薄い個体が混じり合う群落であることも興味深い。前川個人としては新発見の自生地。

H. crystallina aff., Saffraansrivier

クリスタリナ近似種

クレインフォンテインからさらに東にサフランスリフィールの群落があるのだが、今回は地主の許可が下りず断念。薄葉で鋸歯の少ない群落で *H. sakai* (inconfluens) に近い個体が多い。2018年の写真を掲載。

H. arachnoidea, East of Gouritzrivier

アラクノイデア

1時間の探索は空振りで出発地点に戻ると足元で発見。窓のない、強い鋸歯が特徴のハオルチア。クリスタリナが好む灰褐色の土壌とは異なり、やや湿潤な赤色の土壌に自生していた。コンパニオンプランツの植生も違っていた。ルーイベルグ南部での採取記録はないように思う。新発見の自生地。

H. crystallina, Kleinfontein

クリスタリナ

強い鋸歯と輝ける葉が美しい。窓も鋸歯も透明度が高い。雲間が広がり、陽光が差し込んだときの得もいわれぬ輝きは言葉を絶する。時間が許せばいくらでも見ていたかった。「クレインフォンテインの植物体は特に結晶質だ（Plants at Kleinfontein are notably 'crystalline' ）」とは南アの著名研究者の Vincent de Vries の言。

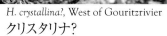

Haworthia dimorpha, Konstable Station

ハオルチア・ディモルファ

稜線と登り終えたときに見つけた小川。雨期の冬にだけ現れる水脈なのだろう。

断崖登攀

事前に聞いていたものの、これほどとは。のけぞるような垂直断崖に身がすくむ。恐る恐る稜線を歩き終えても、次の稜線が始まるので足は震えっぱなし。しかもディモルファはどこにも見当たらない。自生下の葉は緑色で、栽培下では必ず黒色に変わることから、di（2つの）+ morphus（形・型）と命名された。写真撮影すら困難な岸壁の割れ目に1株だけ発見。緑色のディモルファを見ることができて感動したのか、ようやく断崖登攀をやめることができてほっとしたのかよくわからないが、とても強い印象が残る自生地。もう一度登れといわれたらたぶん躊躇する。

ドローンから見た自生地

ドローンでの空撮は今回の目的のひとつ。鳥だけが向こう側を知っているような、どうしても登りきれない垂直の山に前回は歯がゆい思いをした。五感いっぱいで自生地を知りたいなら空からも見てみなくちゃ、空から見たらどんな景色が広がっているんだろうかと思ったのだ。

実際は大変だった。まず、重い。担いだドローンはDJI Mavic2 Zoom。小型軽量機ではあるがバッテリーを4本も積むとそれなりで、断崖や稜線ではなかなか骨が折れた。足場の悪い稜線上でドローンを組み上げ、手のひらの上で離着陸させるのは恐怖でしかなかった。

忙しかった。そもそも植物自体を探さなくてはいけない。見つかれば手持ちのカメラで撮影。これにドローン飛行と空撮が加わるのでせわしなかった。さらに撮影技術が未熟なので、納得のいく空撮場所を空で見つけることも難しかった。雨天と強風時は飛行自体ができないので泣く泣くあきらめた自生地もある。

それでも旅を終えるまでに何枚か空撮できた。空からの視点も加えて、南アフリカを、ハオルチアを、味わうことができたと思う。

YouTube
自生地の空撮動画

自生地でドローンを使い撮影した動画を見ることができるが、サイトの都合により視聴条件や期限などがある。

***Haworthia inconfluens* v. *lockwoodii*, Viskuil**

ハオルチア・ロックウッディ

大カルーへ

海からの雨雲を高い山脈が阻む西ケープ州北部は、グレートカルー域の南端にあたる。降雨量は至極少なく、恒常河川が存在しない半砂漠地帯だが、赤茶色の砂礫土壌によく目を凝らすと、クラッスラ、リトープス、コノフィツムなどの高度多肉化した植物が無数に隠れている。

その乾燥台地の小さな斜面で、外套めいた幾重もの薄葉で生長点を守るロックウッディを見つけた。真後ろには赤く染まったアストロロバ・ブルラータが群生し、別斜面では稠密な鋸歯をまとったスカブリスピナ（*H. arachnoidea v. scabrispina*）を発見した。薄葉、強鋸歯、休眠色など、過乾燥への適応姿を垣間見ることができた自生地。

※カルー（Karoo）は、コイ語で「乾燥、不毛」。

小カルーから北へ向かい、峻険なスワートベルグをセブンウィークスプールトという美しい山道で越えた先が大カルーの南端部。緑がぐっと少なくなり、岩と砂礫がより目立つ乾燥地帯。

Haworthia maculata v. livida,
Lemoenpoort
ハオルチア・リビダ

夕夜の稜線歩き

２０１８年は許可を得られず最高に絶望したのがリビダ自生地。自分にとって最も再訪したかった場所だ。わかっていたのは、巨岩の積み重なった稜線のどこかにあるという曖昧な情報だけ。日没まで1時間もない薄暗い光量下で稜線を歩く。気持ちが上回ったせいか不思議と恐怖心がなく落ち着いて歩くことができた。闇がおりる数分前にひとつだけ群落を発見。今まで見たなかで最も美しいリビダだった。涙が出そうになった。いや、出ていたかもしれない。懐中電灯下で撮影。空撮写真は翌日に撮影したもの。

H. magnifica v. *splendens*, Albertinia

スプレンデンス

広大な農場の片隅にそこだけ四角く切り取られた特別な場所がある。この美しい種を守るために※BCSSが農園に掛け合って設けた保護区だ。草食動物も入り込めない高い鉄柵で囲まれており、鬱蒼とした草木類のつくる影の下にスプレンデンスを見ることができる。写真は群落の中でも特別に白い個体。

※英国の多肉植物団体の British Cactus and Succulent Society の略称。

H. bayeri v. *bayeri*, Uniondale

バイエリ

町を見下ろす小高い丘のてっぺんで。日本では旧名のコレクタのほうが通りやすいかもしれない。迷路のような複雑な紋が美しく、その紋も個体差が大きかった。

H. harryi, Prince Alfred's Pass

ハリー

スカブラを見つけた地点よりもさらに垂直に登攀したときに偶然発見。ルーイベルグの無・弱鋸歯のクリスタリナ近似種に似する個体もあった。

H. picta v. *tricolor*, Rooiberg Pass

トリコロル

雪片のような無数の小斑点が窓に浮かぶトリコロル。同じルーイベルグ山系のクリスタリナも小斑点がきらめく個体があり、何らかの相互作用があるのではと考えてしまう。

Genus Tulista and Haworthiopsis

ゲノム解析による近年の分類で最大の変更は、ハオルチア亜属だった硬葉ハオルチアがツリスタ属とハオルチオプシス属に分離されたことだろう。

Tulista marginata v. *marginata*, Rotterdam

ツリスタ マルギナータ

スエレンダム周辺は広く開けた平地で古くから農地や牧場として利用されてきた。ハオルチアのごく間近に草をはむ牛がいる風景は牧歌的だ。山岳部だけでなく、平野部にすら自生するハオルチアの多様さに驚かされる。

Haworthiopsis scabra v. *starkiana*, Schoemanspoort

ハオルチオプシス スターキアナ

基本種と同じく切り立つ断崖が自生地。なんらかの衝撃で崖下に落下し、抜き苗状態で転がっている株もちらほら。拾って植え戻したい気持ちをこらえる。

Tulista pumila v. *sparsa*, Lemoenpoort

ツリスタ スパルサ

2年ぶりの雨のおかげで緑肌になったプミラたち。基本種に比べ結節がまばらな種をスパルサという。ワイン畑を走る道路わきが自生地。

Tulista pumila v. *ohkuwai*, Keurfontein

ツリスタ オークワイ

大カルーのツリスタといえばオークワイ。苛烈な日差しに耐えるように引き締まった草姿と密な結節が美しい。盗掘と干ばつとで野生株は年々少なくなっていると聞き、心が痛む。「多頭キリン」と呼ばれるユーフォルビア・ムルチセプスの自生地でもある。

Haworthiopsis scabra v. *scabra*, Prince Alfred's Pass

ハオルチオプシス スカブラ

息を切らして登った断崖の中腹で1株だけ発見。ねじれるように旋回する姿がおかしく美しい。自生地でも生長は遅そうに感じた。

Haworthiopsis viscosa v. *viscosa*, Viskuil

ハオルチオプシス ビスコサ

テッセラータ、ニグラに次いで分布域が広い種。野生の草食動物が好んで食す。何度か遭遇した多くが群生株だった。生長点を食べられるせいだろうか。

国内栽培の歴史

旧来のユリ科多肉植物といえば「アロエ、ハオルチア、ガステリア」。その中でアロエの日本への渡来は鎌倉時代ともいわれ、薬用植物としてキダチアロエがあった。明治後半からの園芸ブームにより、舶来植物を好む知識人の間でサボテン愛好家が増えていったようだ。

戦前までは、ハオルチアも硬葉系の「竜の爪」や「十二の巻き」、オプト系の「宝草」など和名がつけられて一般に流通していた。１９８０年代には高度成長の好景気もあって、輸入が盛んになり、ワシントン条約の制約も存在しなかったため大量に輸入された。

その後には、「玉扇」や「万象」の選抜個体に人気が生まれ、国内でも交配が続いた。原種の優良な個体を掛け合わせたり、ガステリアとハオルチアの属間雑種「ガステルハオルチア」なども人気だった。

江戸時代から盆栽、園芸大国であった日本では、現在でも海外の原種に和名をつける。多肉植物の原種にも和名が与えられ流通するために、アマチュアには原種なのか交配種なのか判断にも迷うところだ。

正式には、学名の「属名＋種小名」（ラテン語）で表記される。学名以外に交配種名（園芸品種名）があるが、これはラテン語以外での表示が原則。ここに交配者がつけた和名のローマ字表記が入るので、園芸交配種名は正式名であることに間違いはない。

普及種となった原種、園芸交配種も和名で流通させることを好む業者も多く、原種のもつ魅力と交配種の魅力が、どこかで混乱しているようにも見えてくる。

本書では原種と交配種に分けて、その奥深い魅力を解説する。

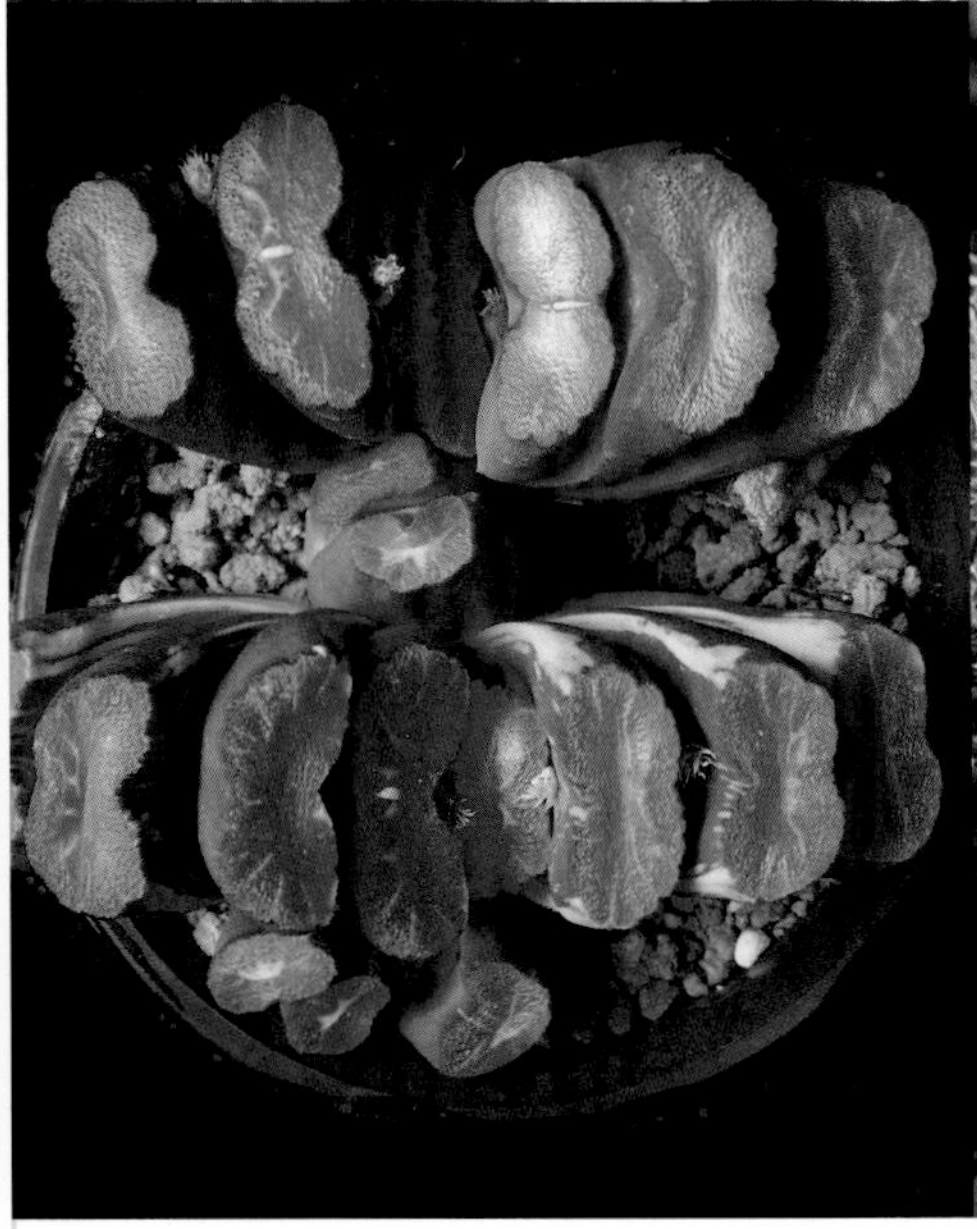

吉田園芸部 交配の流儀

吉田雅浩

解説 | commentary = Masahiro Yoshida

流氷の街に、孤高のブリーダーはいた

南アフリカの乾燥した丘陵に自生するハオルチアが、オホーツクの潮風も届く北海道紋別の一角で育っていることは、理解しがたい風景かもしれない。その交配種を育てるのは牧場主だった。

冬、牧場北の国道をはさんで流氷がやってくる海岸に面したかの地は、氷点下20度をも下回る、流氷の上を渡ってくる風は容赦なくすべてを凍らせる。

吉田はもともと園芸に興味はなかった。4カ月半にも及ぶ長い冬、外はただただ白とグレーのモノクロ世界だ。

「植物で部屋に緑を、安らぎを」、そんな動機で幾度か購入した観葉植物も、挙げ句にはポトスやゴムノキですら枯らしてしまうくらいで、才のないことは自覚していたのだという。

15年ほど前の夏、ホームセンターの園芸コーナーにあった「十二の巻き」の小さな鉢植えを見て「こんなに変わった植物があるんだ！」と何も知らずに購入したそれがハオルチア栽培の始まりだった。

その値段は３００円くらいだったようだが、もし７００円、８００円だったら買わなかったらしい。「多肉植物＝砂漠」のイメージしかなかった吉田は、その「十二の巻き」を真夏のはめ殺しの出窓に置いてガンガン直射日光を当てて育てた。もし、もう少しだけ高値だったり、あのときに枯らしたりしていたら今の交配者の自分はなかったと言う。

ともあれ、この一鉢をきっかけにまったく知らなかった世界、多肉植物に興味が湧いた。メセン類、エケベリア、ガガイモ、ユーフォルビア、コーデックス、次々に栽培を始めた。やはり、悲しくは才のなさ、枯れてしまうもの、どんどん徒長していくものばかり。ただ、ハオルチアだけがそれなりに育ってくれた。

加温

10月中旬～4月中旬、暖房効率を上げるために、天井を覆い太陽光代わりに高圧ナトリウムランプで育成。

吉田雅浩《よしだ まさひろ》

1961／2月
品評会にて受賞多数
温室は非公開
@yoshidaengeibu

交配という魔力

多肉植物を分け隔てなく購入していたなかで「グリーンヘイズ」の小苗の梱包を解いた瞬間、キラッキラのガラス細工のごとく照明が反射したその姿に「これが植物なのか!?」と衝撃を受け、これをきっかけに一気にハオルチアにのめり込んでいった。

ほとんどは出来心だ。数年後にいくつかの株が花芽を伸ばしたころだ。「ただでハオルチアを増やせるかも」。知識も思案もない、あったのは打算だけ。受粉を試みたら5種類ほどの種子がとれたのだ。

鉢の中で数ミリほどに育ったものの中で、形状が他のものと違って変わったものがあり、それを大切に育てていたら、「それはゼニゴケだぞ」と園芸好きから指摘を受け汗顔の至りだった。とにかく吉田は何も知らなかったのだ。

そのときの実生で成苗まで育ったのはわずか2苗という結果だったが、そんな自分にも実生ができる可能性に吉田は満足した。

実生はスペースとの闘いである。タネまき、鉢上げ、単頭植えと次々鉢数が増えていく。冬越しは住宅の一室（10畳）を専用としてあてていたが、実生を始めて3年目を迎えるころにはパンク状態となった。

北面は断熱壁、4層張り、育成灯、24時間暖房の温室が彼らの住まいとなった。とにかく熱しやすくて冷めやすい性格だ、せっかく建てた温室もすぐに無用の長物になるに違いないと、彼を知る誰もが冷ややかな視線を送った。

以来十数年、吉田は毎日温室に入る、熱したままだ。実生は毎日が新鮮だと言う。株をながめながら新たなインスピレーションをメモに残し次回の交配に備え、新たなる出会いに思いを馳せる。

Haworthia 'Faint Light'

フェイントライト

淡さを求めて遺伝傾向が「淡い色み×繊細さ」で交配。窓と淡色肌との境目がはっきりせず朝もやの中で見え隠れするような幻想的美しさ。

minor

×

bolusii hyb.

径12cm 2012年作出

ハオルチアの名品は優良親株から生まれるか？

ハオルチアは同じ株の花では受精しない「自家不和合性植物」。遺伝子の異なる別個体でなければ受精しないのだ。自然界では、虫が花粉を運ぶ（虫媒花）、そして種子は風に運ばれたり、小動物や鳥の食科となって、その地域にコロニーを作っている。

ハオルチアが日本に渡ってきてから、既に100年近い。原種の優良選抜種から趣味家の交配種まで、あまたの品種に和名がつけられて流通している。

近年のハオルチアバブルでは、「玉扇」、「万象系」の交配種が天井知らずの値をつけたことは記憶に新しい。各ジャンルの優良個体同士の交配も、指先ほどの苗に心躍る価格がついたこともあった。

しかし残念ながら吉田の温室にはジャンル別に取りそろえられるだけの優良親株はひとつもない。もちろんそういった背景はあったが、当初からジャンルにとらわれるといった考えはまったくなかった。

初めは咲いた先から手当たりしだい交配をしたが、後に大量の廃棄苗を生むことになる。今となっては眉をしかめるようなやみくもな交配の中にもキラリと光る名品が生まれることがあった。

「どんな苗でも、相手を探し当てられれば名品を生む可能性がある、相性のよい組み合わせを知ること、個々の遺伝的特徴を発見することも大事な要素であり、作りたいテーマへの近道である。先のやみくもな交配も決して無駄ではなかった」と吉田は話す。

Haworthia 'Glass Sword'

グラスソード

「明るさと透明感」の狙いはありましたが、迷走交配のひとつ。

すべてにおいて予想を上回り、飛び抜けて明るく透明で光沢の強い苗。「冒険交配を恐れるな」を教えてくれる作品。

径11cm 2009年作出

comptoniana

×

notabilis

Haworthia 'Fox Eye'

フォックスアイ

メローな大型窓を中小型タイプに落とし込む作戦です。窓は理想のサイズ、ティアドロップを縁取る線がキュート。

major

×

correcta

径9.5cm 2009年作出

瀞

Haworthia 'Toro'

径11cm 2010年作出

入手した苗の遺伝傾向を探るため、特に明確な意図をもたずいくつか試した交配のうちのひとつ。
深緑透明で深みを感じる特・つや窓。とても人気がありラッキーな棚ぼた苗。

ワンダーシリーズ

×

磯蟹

チチカカ

Haworthia 'Titicaca'

径15cm 2010年作出

父木のデンシフローラ（写真は径21cm）は最大級のハオルチアで、遺伝傾向も大型化。私は大型苗を避ける傾向にあるため使用頻度は少ないのですが、これは程よいサイズで特透明な窓をたたえる優等生。

秘

×

デンシフローラ

魔導

Haworthia 'Mado'

径9.5cm 2010年作出

スポット窓から一歩進めて怪奇紋にしようと考えた交配。風貌は怪しいけれど希望通りに育ってくれたよい子です。交配親としても面白そうで大黒柱として魔界一家を構築するのがこれからの楽しみ。

コンプト hyb.

×

烏城

涼

Haworthia 'Ryo'

径10.5cm 2010年作出

窓面に毛はほぼなく半透明な白濁窓が氷についた霜のようで美しい。

両親木ともに複雑そうな血統を感じます、いいとこ取り以上に落ち着きました。

この苗の結果から両親木のそのまた先祖の血を推測できそう。よその苗を見たときはまず真っ先に血統を推理する自分がいます。

ベネスタ系
交配?

×

(クーペリー・
マジョール・ピクタ)?

Haworthia 'Shallows'

シャローズ

径13cm 2009年作出

ラインが窓の内側に落ち込んで水中にあるかのように見える逸品。まったくのミラクルで誕生しました。このようなタイプの苗は想像すらしたことがありません。自分は受粉作業をしただけ。すてきな贈り物をくれた両親木にありがとうと言いたい。作出者冥利に尽きる１株、自慢の苗となりました。

コンプト

×

パディア系

メロディ

Haworthia 'Melody'

径9.5cm 2010年作出

母木をボリュームアップさせた株姿に蒼白窓がのりました。

オルゴールの調べが聴こえてきそう。目で音を感じます。

お気に入りの苗には愛称をつけて呼んでみましょう。一気に愛情が深まり苗との距離もグッと近づいてペットのような存在になってくれます。

*gracilis*系

× 秘

コラム

Haworthia 'Column'

径10.5cm 2012年作出

融合したら「側窓＋面白い株姿」になりそうかなぁ的に考えた組み合わせ。広い側窓で明るい丸い葉がかわいい。交配予想は足して二で割った姿を想像しながらですが、実際は＋ノイズ。この株は雑味なく素直に理想通り生長してくれました。よい子に育った愛娘に目を細めるお父さん気分に浸れます。未婚だけど。

万象系

×

コンプト系

クレバス

Haworthia 'Crevasse'

径10cm 2010年作出

太い白線が荒々しく走り表情をつくります。母木はたくさんの優良苗を輩出する私の秘密兵器で世に１株の実生苗で門外不出。よそにない親木をもつことで私のガラパゴス化は進んでいきます。

極秘

×

コンプト×コレクタ

スケルトン スケイル
透ける鱗をまとった特美種。

クリームメロン
エナメル光沢の乳緑色。

偽グロエネ（愛称）
自作に挑むも葉先が尖って敗戦。

Ye-703
ピュアホワイトなピクタ。

White Splash
ホワイトスプラッシュ
輝けるシャーベット。

Ye-1000
桃色キープで春の予感。

Ye-920
若草色の爬虫系。

Ye-198（管理名：エスキモー）
フローズンな世界観。

Ye-379
鬼も逃げ出す赤黒さ。

Ye-112
つわものどもが夢の跡。

Ye-53
樹氷の森が迎えてくれる。

Ye-283
ナイトハイウェイ夜空のかなたへ。

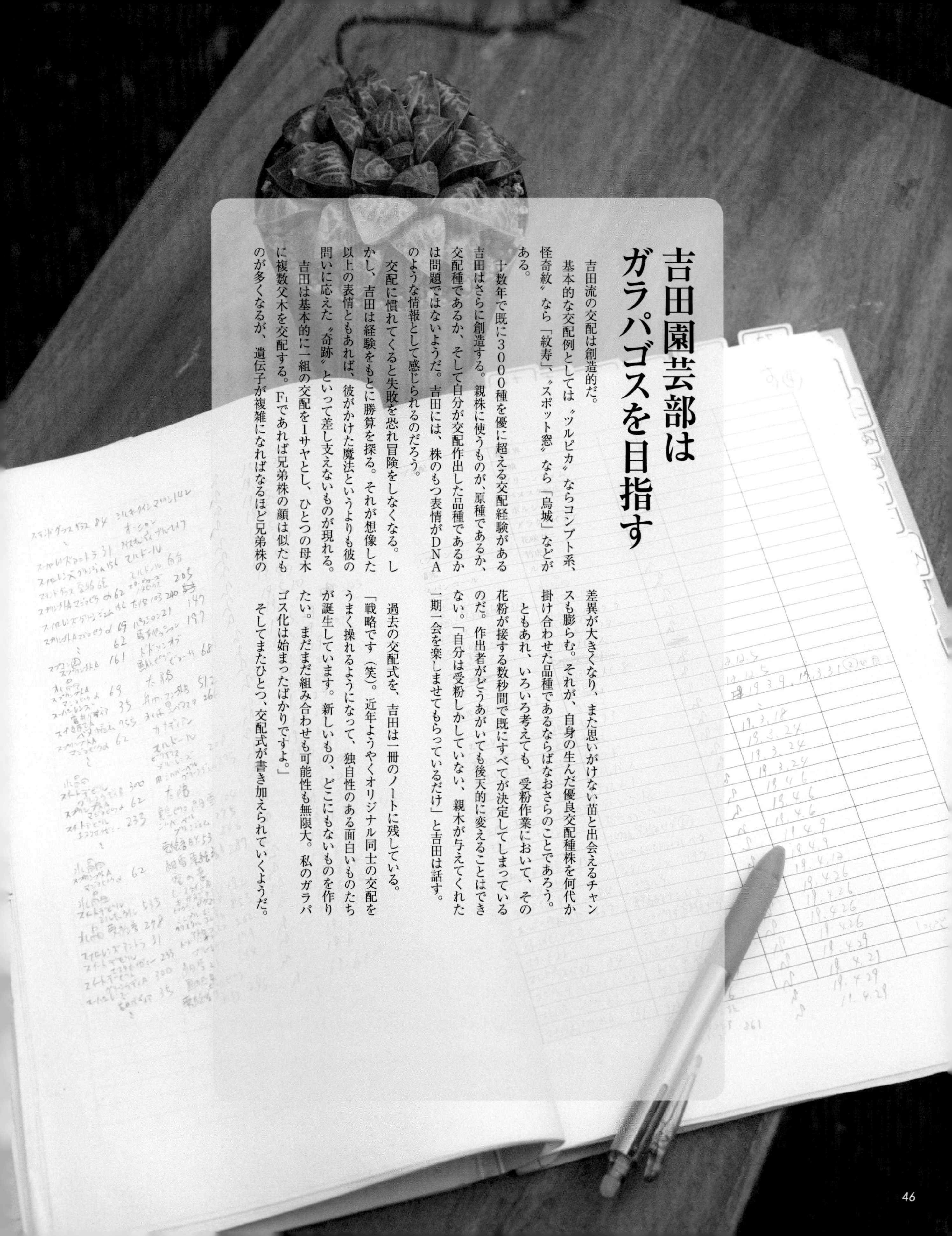

吉田園芸部はガラパゴスを目指す

吉田流の交配は創造的だ。

基本的な交配例としては〝ツルピカ〟ならコンプト系、怪奇紋〟なら「紋寿」、〝スポット窓〟なら「烏城」などがある。

十数年で既に3000種を優に超える交配経験がある吉田はさらに創造する。親株に使うものが、原種であるか、交配種であるか、そして自分が交配作出した品種であるかは問題ではないようだ。吉田には、株のもつ表情がDNAのような情報として感じられるのだろう。

交配に慣れてくると失敗を恐れ冒険をしなくなる。しかし、吉田は経験をもとに勝算を探る。それが想像した以上の表情ともあれば、彼がかけた魔法というよりも彼の問いに応えた〝奇跡〟といって差し支えないものが現れる。

吉田は基本的に一組の交配を1サヤとし、ひとつの母木に複数父木を交配する。F_1であれば兄弟株の顔は似たものが多くなるが、遺伝子が複雑になればなるほど兄弟株の差異が大きくなり、また思いがけない苗と出会えるチャンスも膨らむ。それが、自身の生んだ優良交配種株を何代か掛け合わせた品種であるならばなおさらのことであろう。

ともあれ、いろいろ考えても、受粉作業において、その花粉が接する数秒間で既にすべてが決定してしまっているのだ。作出者がどうあがいても後天的に変えることはできない。「自分は受粉しかしていない、親木が与えてくれた一期一会を楽しませてもらっているだけ」と吉田は話す。

過去の交配式を、吉田は一冊のノートに残している。

「戦略です（笑）。近年ようやくオリジナル同士の交配をうまく操れるようになって、独自性のある面白いものたちが誕生しています。新しいもの、どこにもないものを作りたい。まだまだ組み合わせも可能性も無限大。私のガラパゴス化は始まったばかりですよ。」

そしてまたひとつ、交配式が書き加えられていくようだ。

交配

組み合わせを考えている時間が99・9%、そして作業時間は0.1%。

管理の中でいちばん楽で簡単な作業だが、この瞬間に未来のすべてが決定される。ひとつの母木に受粉させるのは5房くらいまでに、データはとっていないが推測、多数つけると発芽率に影響があったり、母木が疲弊するかもしれない。

1 受粉

雄花：開花後、1～3日後くらい。上からのぞいて花粉になっているか確認するのもいいでしょう。花弁をすべて取り除きます。このとき、花粉が確認できない場合でも成功率は下がりますが受粉可能です。

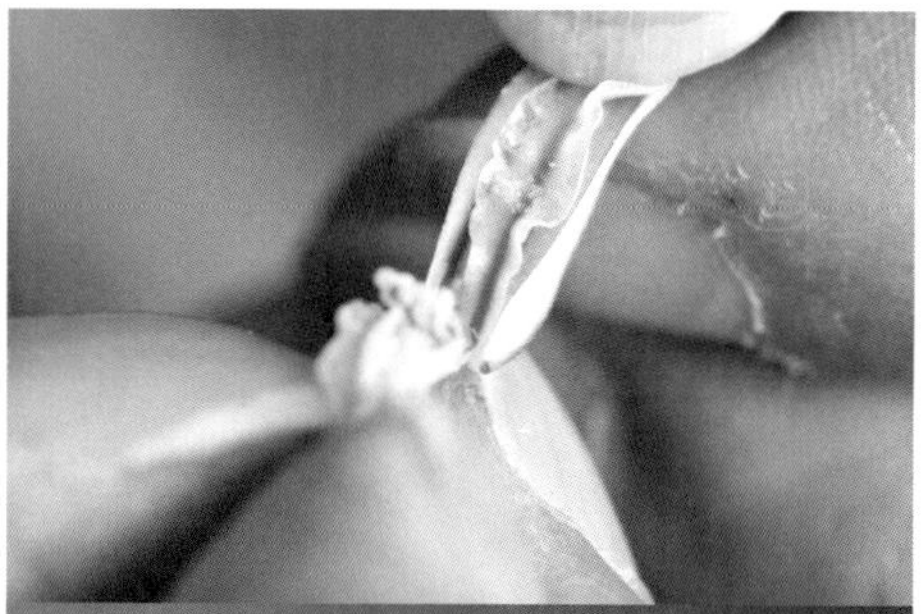

雌花：雄花よりプラス1日後あたりがベストでしょうか。雌花を楽に挿入させるために花弁を根元まで裂きます。1本の母木に複数父木を交配させるときは、花茎にマジックで印をつけてそれぞれをメモしたラベルを差しておきます（黒：○○）（赤：○○）。数日～1週間もすれば子房が膨らんできますので、受粉成功か否かがわかります。
雌雄それぞれに許容範囲期間はもっとあります。個体やそのときの気象状況によっても違ってきます。

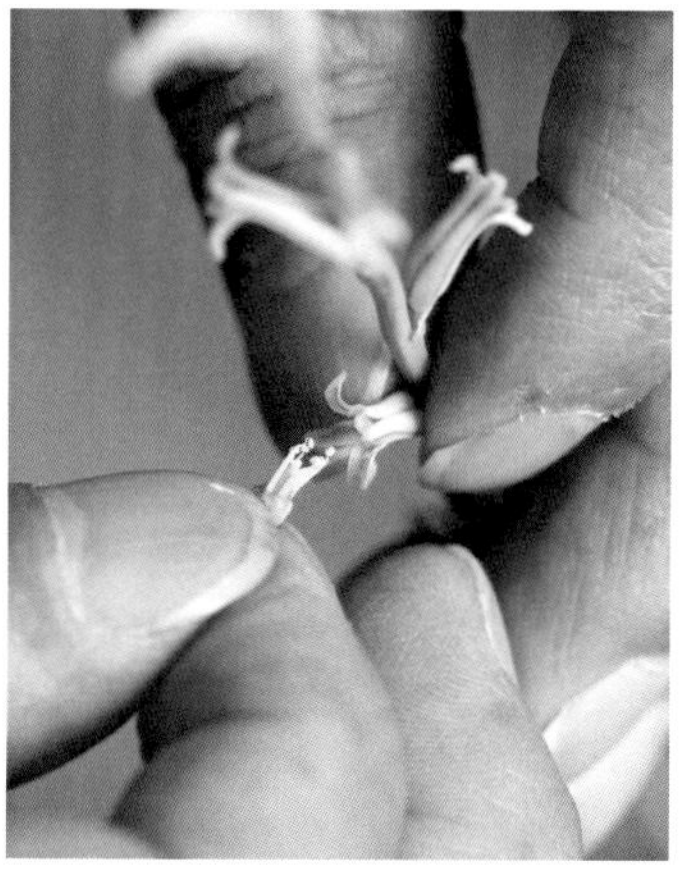

2 採種

約2カ月くらいで採種となります。サヤの割れが近いと思ったら、採種忘れおよびこぼれ（はじけ）防止のためにストローをカットして作ったキャップ（広く知られているアイディアだと思います）をかぶせておきます。**キャップをするとサヤの乾燥が遅れるので要注意。**

3 保存

1サヤで平均10～40粒くらいとれます。
タネの保存は、キッチンペーパー（一重）にタネデータの小さなメモと一緒に包んで、乾燥剤を入れた密閉容器で常温保存しています。
ここで一句：突然のクシャミにすべてを失った。

タネまき

発芽率は0～100%と幅が大きいが気にせずに。タネまき～鉢上げまで同じ用土だが、カビやコケの発生はほぼ皆無で推移できる。

群生させると個々にボリュームが出ないので、1鉢（2.5号鉢）に20粒くらいまでが理想。ついつい1サヤ分のタネを収めようとまきすぎてしまう。

1 用土の準備

2.5号のスリット鉢を利用。底に硬質ゼオライト（3～8㎜大）を1㎝くらい敷きます。中層は普段使いの市販の多肉用土（プロトリーフ）、腐葉土などの有機物も含まれますが直接外気に触れなければカビなどの発生はないと思います。

1

2

3

表土は硬質鹿沼土（1～2㎜大）の単用で1㎝くらい敷きます。**赤玉土ですとコケとの闘いになるので使用しません。**データを書いたラベルを差します。

2 タネまき

用土がセットできたら殺菌剤（ホーマイ水和剤など）をたっぷり霧吹きして、タネをまきます。土はかけません。「タネをまいたつもりが爪の中」、別の鉢への混入を防ぐためにも毎回確認します。まき終わったらもう一度殺菌剤をたっぷりと霧吹きします。

タネまき〜鉢上げ

20度以上の温度と、安定した光量があると具合がいいので室内でLED育成灯管理。温度が低いと発芽の遅れや、初期の生育が悪くなる。光量不足だと苗が太らない。少々の徒長など気にせずに、ぬるい環境でわがままに。鉢上げまで腰水管理し、いちばん最初の給水のみ殺菌剤の水溶液を使用。10カ月齢くらいまでなら腰水による障害はないと思う。ある程度のサイズになったら少々乾いても平気なので神経質にならずに。底面に水がなくなったら鉢の$\frac{1}{4}$〜$\frac{1}{3}$くらいまで給水。たまに液肥（万田アミノアルファ）をあげたりするが効果のほどはわからない。重要視しているのは根をいじめないこと、できうる期間、苗を動かさないこと。

0〜1カ月齢

早いものでは1週間前後から発芽が始まり、ほぼそろうころ。

1〜3カ月齢

だいぶん、しっかりしてくるころ。**このころまでは常に土の表面が湿ってるように注意します。**

3〜4カ月齢

がっちりしてきてボリューム感が出てきます。ここまで来たらもう安心。

4〜6カ月齢

窓の存在も確認でき、ハオルチアであることを実感できます。

8カ月齢〜

そろそろ鉢上げを意識。なるべく10カ月齢までには鉢上げを終えたい。

倒伏した苗は株元に土を足し添えたり、つまようじなどで穴を掘って植え直してやります。そのときに**根元から根を切ってしまわないように細心の注意を**。また、根がむきだしになっているところがあればパラパラと土をかぶせてやります。

鉢上げ直後〜

鉢上げは通常管理の用土に近づけるが、乾きすぎない配合で作る。通常用土は「鉢底石、プロトリーフのサボテン・多肉植物の土6カップ、硬質ゼオライト（3〜8㎜大）1カップ、硬質赤玉土（5㎜大）1カップ、パーライト（5㎜大）0.5〜1カップ（鉢の大きさで変える）、化粧砂（最近は小粒の硬質赤玉土）」ハウスに移動、まだ徒長はあまり気にせず通常管理よりも少しやさしい環境で育てる。順化後も苗が色づくような環境だと生長が遅くなると感じられる。
※用土は確立したものがないので、参考程度にしてほしい。

鉢上げ直後

2才前くらい
幼苗期の育成は終わり、単頭に植えかえた後は通常管理となる。

吉田流 栽培ポイントQ&A

Q どうすればツヤピカ状態を保てるの？

A 「特に何もしてない」が本当の答えなんですが、徒長しないギリギリくらいの遮光かな。

Q きれいにドーム型にするコツは？

A こちらも「特に何もしてない」が答え。まずはドーム型になるタイプであること。下葉にテンションをかけないようにしたら枯れづらくなるので、葉の周回数は増やせるけれども。

Q 私は根腐ればっかりです

A 大きな鉢に植えかえたら根腐れするようになったのでしたら、鉢底石を多めに入れてみてはどうでしょう。極端な話、3号鉢では大丈夫だったのに4号鉢にしたら根腐れを起こしたのなら3号鉢の深さまで4号鉢に鉢底石を入れれば3号鉢で育てていたときと同じ環境でいられそうです。1年くらいは痩せるかもしれませんが、環境に慣れると以降は元に戻ると思います。また、どうしても根が弱くて心配なら化粧砂をゼオライト（3〜8mm大）にしてみるのも一考です。

Q 経験上の注意点があったら教えて

A 空気のよどみをつくらない、です。丈夫なのでどんな環境に置いても1年くらいは問題なく育つので、すぐには気がつきませんが2年3年とたつうちにボディーブローのようにじわじわと弊害が出てきます。私の失敗例として、壁際の背の低い鉢を囲むように背の高い鉢を配置したら根腐れ、葉の傷みを起こしました。対策として、壁から少しだけでも離し、鉢の高さサイズごとに並べ混在させないことにしました。でも僕の天使の涙はもう戻らない……。

栽培管理の基本

ハオルチアは陰性植物。自生地の南アフリカでは、灌木の半日陰や岩の亀裂などで、地中からわずかに窓をのぞかせ、直射日光を避けて生長する。現地では、温度の低い雨期になると生長を始め、高温の乾期には休眠する。

1 置き場所

日本の住宅で栽培する場合、ベランダや明るい窓辺でも栽培が可能。直射日光が当たる場所なら、夏には半日陰の場所に移動するか、遮光（70% ほど）を工夫する。窓辺でも、夏季にはレース越しの光のほうがよい。

乾燥地の植物だが、湿度があるほうがふっくらとした株に生長する。自生地では降水量は少ないが、株の半分以上が地中にあり、朝夕、霧や靄（もや）の水分による湿度があるからだろう。

ベランダでは、鉢の下に保水性のマットを敷いたり、乾燥しやすい室内では透明のフラワーキャップをかぶせたりして、乾燥過多の環境にならないような工夫も必要だろう。屋外では、雨水が直接かかるような場所は避けるほうがよい。

ハオルチアの生育温度帯は、５度から４０度ほどといわれている。冬場は、霜が降りないような場所で管理。

2 通風

小型のハウスやフラワーキャップで過湿状態にすると「カビ」が発生しやすくなる。軟腐病のリスクも上がるので、通風を工夫する必要がある。

小型の扇風機などが便利だが、固定した風は一定の部分だけが乾燥するので注意したい。

3 水やり

個体の表情だけでなく、用土の表面が乾いているかもチェックする習慣をつけよう。土は表面から乾き、数日後に中まで乾いてから灌水する。

春、秋の生育期は、週に１度くらいの間隔。サボテンや多肉植物よりも少し多めの意識で、鉢底からしっかり水があふれるまで与える。

盛夏の半休眠期に断水すると、秋の生長再開が遅れる傾向があるので、湿る程度には与える。

冬季は霜や凍結に注意し、５度以下になるような場所なら室内で管理をする。室内は乾燥して温度も高いので、表土の表面の乾き具合を判断して水やりのタイミングをはかるほうがよい。

ハオルチア栽培カレンダー

	1	2	3	4	5	6	7	8	9	10	11	12	(月)
生長サイクル	半休眠		開花		生育			半休眠	開花		生育		
置き場	日当たりのよい霜よけのある屋外（霜に当てない）凍らない環境にする				遮光		風通しのよい雨よけのある明るい屋外						
水やり		用土が中まで乾いたら 3～4日後に		用土が乾いたらたっぷり				用土が中まで乾いたら 3～4日後に		用土が乾いたらたっぷり			
肥料				薄めの液肥を１カ月に１回与える						薄めの液肥を１カ月に１回与える			
作業			植えつけ、植えかえ、株分け、葉挿し、仕立て直し						植えつけ、植えかえ、株分け、葉挿し、仕立て直し、タネまき				

4 植えつけ、植えかえ

株の植えかえは根の張り具合で判断するが、鉢底から根が見えるような場合は植えかえが必要。1～2年に一度は、植えかえが必要だろう。春なら3月中旬～5月末ごろが適期で、秋は気温が下がる12月末までがよい。購入した株も、真夏や真冬は根の生育が緩慢な時期なので、植えかえは避けて時機を待ったほうがよい。

使い続けた培養土は、みじんが増え、赤玉土の粒はつぶれて、しだいに水はけが悪くなり、根の生育環境は悪くなる。

水はけの悪い土は、夏に蒸れやすくなり、生育期になって下葉が枯れ始めたりする。

植えかえは、根が乾いた状態で抜き、古い細根は取り除く。株が大きく生長しているものは、一回り大きな鉢を選ぶが、大きすぎる鉢は根の温度が上がりづらくなるので考慮すること。

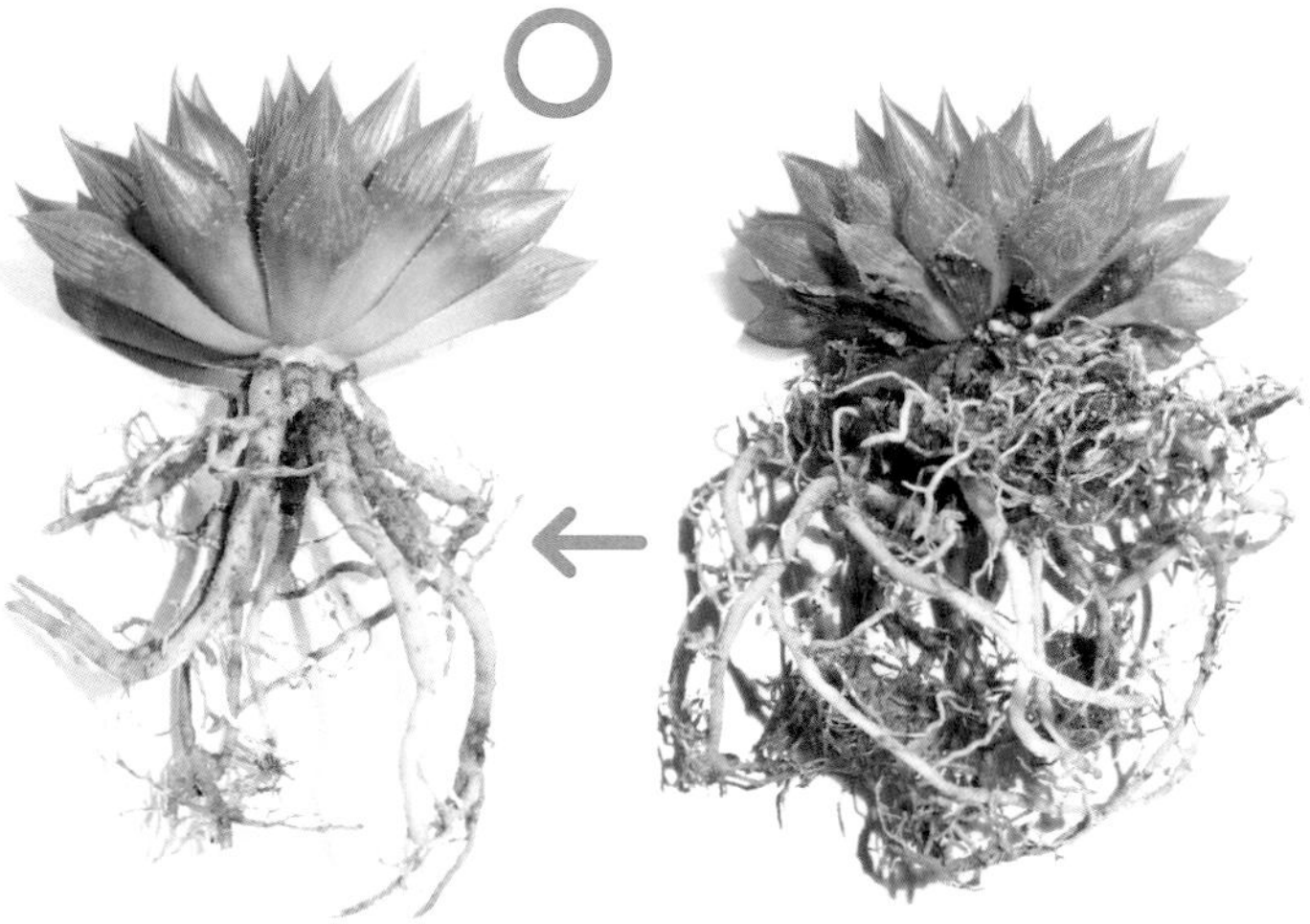

健康な株は、細根まで白く勢いがよい。植えかえには、主根以外は取り外してしまう。

2年間植えかえを怠り、根詰まり寸前の株。
枯れている細根が多く、子株も吹いているので整理が必要。

オススメの培養土配合

水はけのよい環境を好むため、市販の「多肉植物の土」を使うときにも、2～3割の「硬質赤玉土小粒」をブレンドするとよい。硬質のものは、粒が崩れにくく、植えかえの時期を延長することができる。

肥料

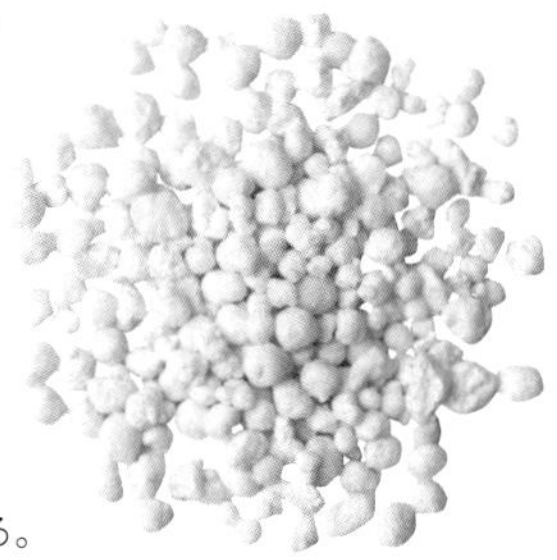

植えかえ時には、元肥として培養土にひとつまみの「緩効性の化成肥料」を入れるが、市販培養土には肥料分を含んだものもあるので、確認すること。肥料過多は、徒長の要因にもなるので注意したい。
生育期に葉の色がくすんだままだったり、勢いが弱いときは、肥料ぎれも考えられる。表土の上に緩効性の化成肥料を置くとよい。

鉢の素材と形状

栽培には、黒色の樹脂製ポットが主流。鉢底穴が多く、排水性能が高い。生育期の秋から春に根の温度を下げない。陶器で鉢底の穴が小さいと、通気性と排水性が不十分となり、蒸れの原因となるので要注意。

5 夏越し、冬越し

夏越しは直射日光は避け、雨が当たらない日陰で管理。湿度があって、風通しのよい場所が理想的だ。ベランダでは､遮光ネット(70% くらい)を張り、調整する。コンクリートの床は熱を蓄えてしまうので、鉢はスノコの上に置くこともよい。

冬は5度以上で管理することが必要。室内は20度前後になり乾燥しやすのいで、用土の表面を確認しながら灌水する。冬型の植物といっても、1月から3月の低温期には、半休眠状態で顕著な生長は見られない。室内で常時暖房のかかっている場所では、生長サイクルが乱れる。夜間は10度を下回っても、昼に温度が上がってくると、春への生長を感じ取ることができる。

室内温度も低く
まだ肌寒い時期　4/23

塊茎部をギリギリまでカットし、アルミバットに水を張り、全体をビニール袋に入れ、底面ヒーターにて35度で管理。発根剤、殺菌剤は使用せず。

なんと！なんと！
5日目で発芽の兆し　4/30

塊茎表面と枝に３～４カ所、萌黄色の生長点を確認。

水の管理が
大きなポイント　5/20

葉芽の数は順調に増え、左右の株に１０～１２カ所。左右の数がほぼ同数であることが意外だったが、ひとつの種子から分岐した双子の相似性と考えると当然なのかもしれない。
それまで、水質悪化を防ぐためにエアレーション、水槽にはミリオンやオキシベロンを投入していたが、気温上昇とともに悪臭が出た。日当たりのよい出窓で管理しているため、緑の藻も増えてきた。
水温を３５度から３０度に下げ、定期的に水を取りかえる。

栄養剤を投入　6/1

葉の勢いが低迷していたので、「リキダス」などの活力剤を投入。２日後には新芽が新たに3か所出たので、効果を確信。

塊茎部までカットしたので、まさか発根するとは考えられず、写真すら残っていない。

続 発根推論

オペルクリカリア・パキプスの発根についての推論を試み、半年にわたって水耕での実験を重ねたが、その発根率は想像していたほどの結果ではなかった。

春4月、実験した約２０本の株については、２割弱の発根にとどまった。その確率の分母となる株の個体状況に大きく差があり、枝も生きているといったよい状態の株から、輸入され植えつけから２～３カ月経過して反応していないものまでさまざまであった。

本書で「革新的発根方法」の明記を期待されるかもしれないが、まずは確認できた情報を整理する。

双頭株の発根は、奇跡なのか!?

これはツインの美しい姿は、主根が腐ってしまった後に見事に発根した稀有な例だ。

2019 年３月からの発根実験した中の１株。年末ごろに輸入されて、ナーセリーの温室で従来の土耕管理によって慎重に管理され、やがて葉の展開が確認された。ひと月ほどで葉が出たものの、残念ながらその後に葉は枯れてしまったそうだ。

株の持ち主は経験豊富な生産者。オーナーいわく「この株は 120％枯れているぞ」と判断されたので、その場で鉢から株を抜いて確認してみた。

主根は黒くなり、表面は少し腐ってやわらかくなっていた。そして、主根断面の少し上に３㎝ほどの「細根」が黄色くなって残っていた。無論、すでに枯れているものだった。

この株も発根実験に提供いただいた１株で、その後の経過を記録したものだ。

Operculicarya pachypus

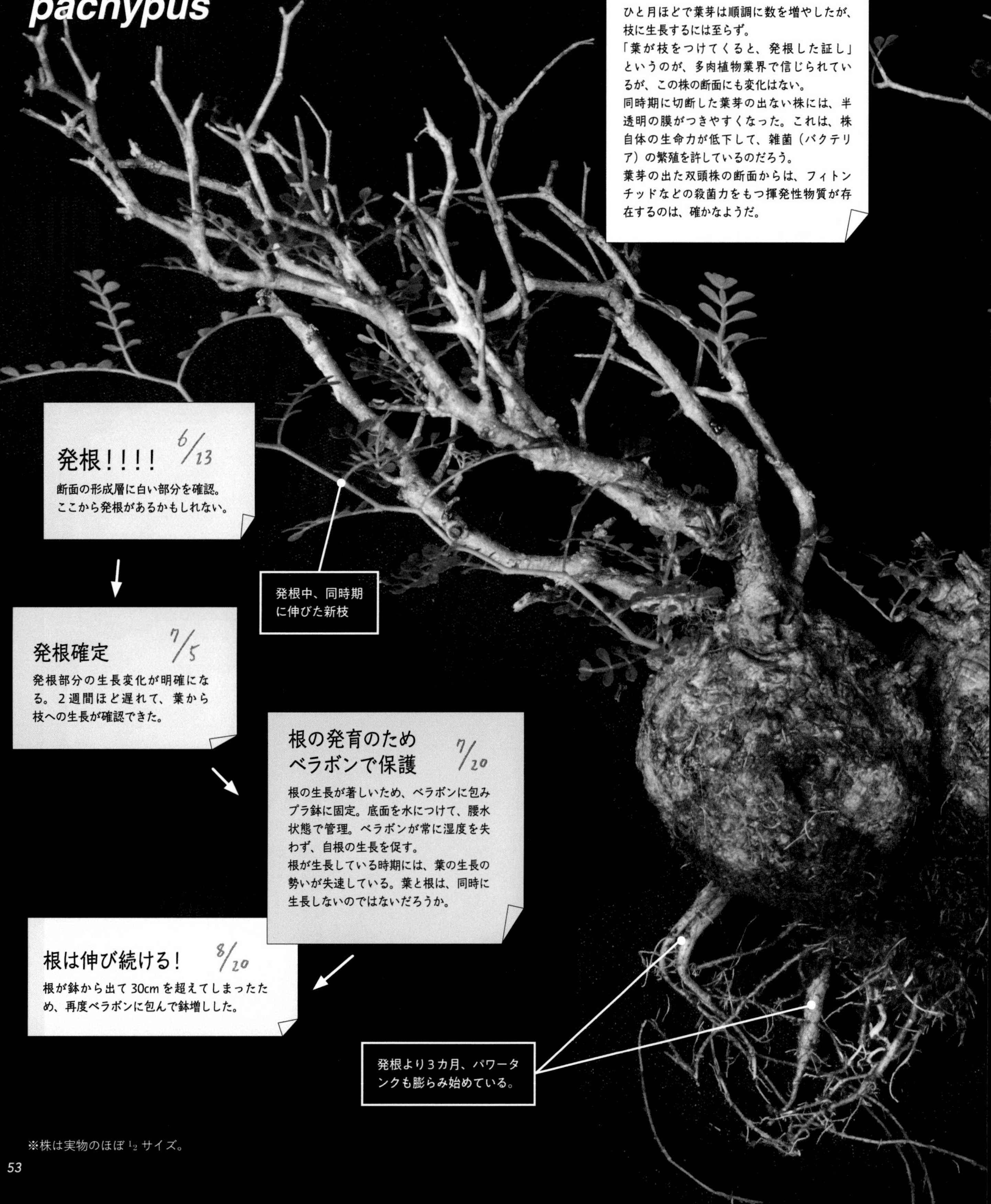
発根中、同時期に伸びた新枝
発根より３カ月、パワータンクも膨らみ始めている。

植物の抗菌物質　6/10

ひと月ほどで葉芽は順調に数を増やしたが、枝に生長するには至らず。

「葉が枝をつけてくると、発根した証し」というのが、多肉植物業界で信じられているが、この株の断面にも変化はない。

同時期に切断した葉芽の出ない株には、半透明の膜がつきやすくなった。これは、株自体の生命力が低下して、雑菌（バクテリア）の繁殖を許しているのだろう。

葉芽の出た双頭株の断面からは、フィトンチッドなどの殺菌力をもつ揮発性物質が存在するのは、確かなようだ。

発根！！！！　6/13

断面の形成層に白い部分を確認。ここから発根があるかもしれない。

発根確定　7/5

発根部分の生長変化が明確になる。２週間ほど遅れて、葉から枝への生長が確認できた。

根の発育のため ベラボンで保護　7/20

根の生長が著しいため、ベラボンに包みプラ鉢に固定。底面を水につけて、腰水状態で管理。ベラボンが常に湿度を失わず、自根の生長を促す。

根が生長している時期には、葉の生長の勢いが失速している。葉と根は、同時に生長しないのではないだろうか。

根は伸び続ける！　8/20

根が鉢から出て 30cm を超えてしまったため、再度ベラボンに包んで鉢増しした。

※株は実物のほぼ $\frac{1}{2}$ サイズ。

水耕管理で100%発根!!

株の提供、発根管理は、那須塩原の大正堂本間陽介さん

これまでの発根推論

前回『B.plants 夏型』においての「水耕栽培による完全発根 10 の推論」のポイントがいくつか明確になった。

1 35度、湿度100%の原則

▶▶▶▶ 株の体力保持と、発根適正温度帯

2 株の鮮度

▶▶▶▶ 発根は、株の体力次第だ

3 水耕栽培のメリット（ベラボン）

▶▶▶▶ 切り口の観察で、株の状態を判断

2019 年 8 月輸入された株をベラボンで巻いた水耕管理によって 12 株をテスト。 すべての株で4週間以内に発芽を確認した。
同時期に旧来の土耕にて 20 株ほどを同時管理したが、 こちらの発芽率は 5 割前後。 葉の動きが水耕よりも遅いために今後動く可能性はある。

4 発根に適した季節が最も重要！

日本国内で、地植えの樹木や多年草を植えかえる場合、「休眠期」に行うよう園芸書には書かれている。多くの植物は春から夏に養分を蓄え、冬を越して春に活動を再開するサイクル。冬は活動量（消費量）が少なく、養分も充実している時期となる。

地球の裏側のマダガスカルの落葉樹であるパキプスにとって、そのサイクルはどうだろうか?

一年を通して、自生地での温度変化は日本ほどではない。10月ごろから最低気温が上がり、12月ごろからの3カ月に降雨がある。この時期にパキプスだけでなく多くの植物が生長することは明らかだ。

12月から3月ごろまでの雨期に葉をつけて養分を蓄えた樹木は、4月ごろからの乾期には、葉を落として休眠するものが多いのだろう。パキプスは広葉樹で、葉に水分を蓄える多肉質のものではない。水分は塊茎や地中の塊根（パワータンク）に蓄え、乾期には水分の蒸散を防ぐために落葉する。

つまり、日本の環境へ移植するならば、株が休眠した6~9月ごろの休眠期が「適期」といえるのではないだろうか。

1~3月に輸入される株には、主根こそ切られているが鮮やかな緑の葉が残っている。少しだけ残した葉は、生き生きとした株の印象を与えるものになる。誰もが鮮度のある株だという印象をもっても不思議ではない。ここに大きな誤解の要因がある。

今回3月の発根実験は、想像していたほどの発根率は得られなかった。これは、その他の国内株も発根率は芳しくなかったようだ。つまり雨期の株の移植が、一般園芸書の示すように、適期ではないという現実に他ならないということだ。

自生地の気候（Morondava）

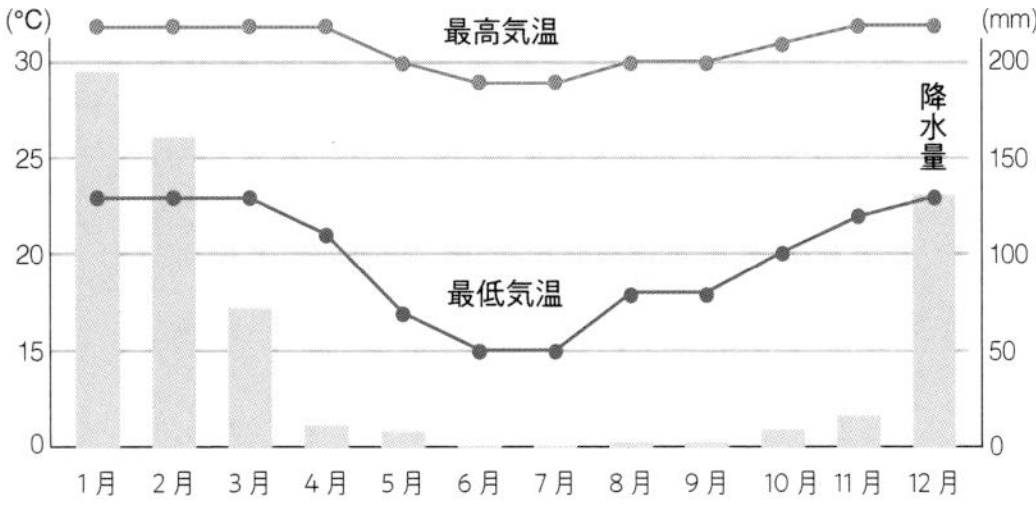

4~9月が休眠期　これは、自生地に近い西海岸モロンダバの気温、降水量の変化。現地の乾期（4～10月）に休眠し、11月ごろから葉を展開することが想像できる。乾期の気温はそれほど低くならないこと、気温だけでなく日の当たる地面の地温は、30 度を超えるのではないだろうか。

5 灌木系塊根植物にとって サボテン式は禁物！

春の発根実験から明記してきたが、主根を切った株には、「水分の損失を防ぐこと」が最優先だ。

旧来の発根管理は、サボテンや多肉植物の移植の手法の悪影響が濃い。それらは、完全に主根を切ったものが輸送され、高い確率で移植発根している。切り口を完全に乾かしてから植えつけるのが常で、切り口から腐らせないのが重要だ。サボテンや多肉植物の多くが水分と養分を蓄える組織をもち、パキプスの塊茎も同じものだという考え方があるが、これは間違い。

もし、主根のない一般的な樹木を南半球から空輸し、それを植えつけて発根させるとしたらどうだろう。

まず、地中から掘り上げるときには、最大限の根を残すだろう。輸出する場合、自生地の土を完全に洗浄してあることが必要なので、水ごけのような保水性の高い素材で保護もするだろう。そのような管理で移動した株でも、簡単に着根するとイメージできるだろうか？　一般の園芸愛好家やプラントハンターでも「簡単ではない」と考えるだろう。

パキプスなどの灌木系塊根植物の場合、移植のリスクを考慮し、それらの輸入そのものを再考すべきではないだろうか？

旧来の発根方法は、多肉植物用の培養土や水はけのよい川砂に植えつけ、水やり管理をした。主根を失った株は切り口や塊茎表皮から、水分損失が続く状態だ。塊茎重量の7〜9割が水分だとされているが、この水分が蒸発するのにはどのくらいの時間がかかるか想像してみる。そして切り口から上がる水分は、どのくらいのものだろうか？

中学校の生物の授業では、植物の水分は「道管」を通って地中から上昇することを学ぶ。その仕組みを少し詳しく書く。

塊茎は、表皮の内側に水分をため込むコルク層（左図）をもつ。そこに縦にある道管は細胞が死んで空洞になったパイプで、それ自体に水を吸い上げる能力はない。

水は、根の生きた細胞（根毛）が「浸透圧」によって取り込む。細胞内の糖分、ナトリウム、カリウムなどの無機イオンによって、「浸透圧」が水を上部へ運ぶわけだ。この働きを「根圧」というが、主根を失った株には水分を上部へ運ぶ能力がない。それどころか、道管の中に空気が入ってしまうと、水は上がりづらくなる。切り花では茎元を水中で切るが、切断面から先端まで水柱が途切れることのない「凝集力」を保つための工夫だ。

この植物生理を確認したところで、旧来の発根方法の問題点がいくつか明確になった。

株を転がして、無駄に乾燥させるべからず！　株の水分を保つためには、完全な保湿対策が必要。これは、上記の解説で十分理解できるところだろう。パキプスはサボテンではなく、生の樹木だということだ。

形成層で生まれた細胞がその内側にあり、水を通す道管と、生きた細胞には水を蓄える能力がある。
中心は生きた細胞ではない、木化した部分に保水能力が残っているか否かは不明。

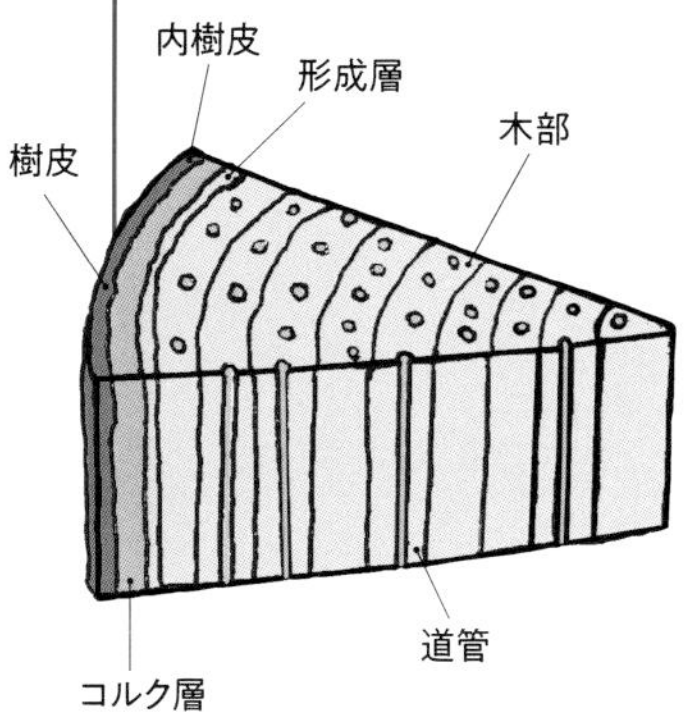

内樹皮
形成層
樹皮
木部
道管
コルク層

塊根部の解説

中心部の細胞は死んで木質化している。その外側の茶色部分は、蓄えてあったでんぷんをフェノール類などに変化させながら、数年以上かけて色も変わっていく。その成分には防腐剤や防菌剤と同じような働きがあり、健康な株の切り口からはさわやかな香りがする。健全な切り口を判断する基準にもなる。

塊茎は全体に濃い色で、部分的に黒いシミのように見える部分がある。このシミの部分は、株の中まで黒く枯れている。

水分を感じるような白っぽい木肌。株の中も鮮やかな色だ。

6 個体差の見分け方 株の姿形だけではない！

一般の愛好家が、輸入されたばかりの未発根株を直接手にし、複数比較したうえで購入することは簡単ではない。ネットの画像での比較では、塊茎の膨らみや枝ぶりの美しさなど、形状の個体差を優先することが愛好家の本質だろう。しかし、多数の株に少なからず個体差があることも現実だ。

輸入されたばかりの株を観察すると、塊茎部分の色に差があることがわかる。国内の取扱生産者もこの肌色に注目している。

手に持った重みという情報もあるが、それ以外にも「木肌が白っぽい、銀色のつやがある」が鮮度のある株のようだ。この反対に「黒っぽい、乾いた感じ」というのが鮮度のない株だということだ。

葉の展開が落ち着き、最後に塊茎表面から出た芽。これが後に新枝となる。発根と枝の生長は、同時期だった。

7 葉の展開と発根のタイミング

パキプスは、葉を展開する時期と根を張る時期は同時ではない。

根を伸ばしている時期には、新しい葉は動くことなく、葉の色にも勢いを感じないのだ。これまでは「葉の展開後、枝の生長が発根の証し」という説もあった。

自生地には乾期と雨期があり、夏の雨期に葉を広げ、地中の根も伸ばすのではないだろうか？　今回の実験では、葉の展開より6週間以上遅れて発根したが、枝の生長も同じようなタイミングであった。この説は、ひとつの目安になるかもしれない。

もうひとつ注目すべきは、「根の生長が活発な時期に新たな葉は出ない」ということ。葉の生長の時期と根の生長の時期は重ならないということが考えられる。そして、生長した根のパワータンクが太っている時期には、葉の色が悪くなり、養分が根の生長に注がれていることが観察できた。

パキプスが光合成によって蓄えた養分をどのように使うのか、自生地での生長サイクルを踏まえてさらに植物学的な考察が必要だろう。

形成層の部分が白く膨らむ！

8 発根直後は、冬にも水やりを欠かすな！

「発根済み」というのは、安全保障のような印象がある。業界の認識とした、パキポディウム・グラキリスなどと比べると、「パキプスの冬越しは難しくない」というのがある。

発根したばかりの株、鉢の中ではどのくらいの根があるのか確認する方法は少ない。鉢底穴から根が出るほどの勢いがあれば確信できる。

しかし、売買される株で「細根」が出ただけのものも「発根済み株」と呼ばれている。根の量が少ない株は、まだまだ体力が整わない株なので、個体としてはバランスが悪い。そのような1年目の株は、冬越しに十分注意が必要だ。

細根だけの1年目株は、冬季の水やりで根を傷めていると、次の春に新芽を出す体力は残っていない。

これは、夏型多肉植物の多くが「水をきる」という休眠管理をとっているため、同じような管理をしてしまうことが原因。アガベなどの強健な品種は、通年、水を控えて育てることもある。だが、根の整わないパキプスの場合、落葉後にも根が枯渇しないような水やり管理が必要だ。特にマンションの乾燥した室内管理の場合は、細根が枯れない程度の水やりが必要だろう。

鉢底から根が見えたら完全発根。

一度発根した根が
枯れてしまったもの。
水不足が原因かも。

パキプス発根株 それは薬害事故か？

イメージ画像

ある業者から株の直径が30㎝超えの超大株の名品を購入したA氏の話だ。

彼は2016年夏、その**「発根済み株」**を85万円ほどで入手した。パキプス人気が急騰し始めた時期。そのほかにもパキプス株を所持していたので、彼自身が精査した購入だった。

初夏のよい時期に輸入されたであろう株は、見事に葉を展開し、株の形、色つやも申し分ないものに見えた。そして晩秋には落葉、他の夏型塊根植物とともに無事、休眠期に入ったと思っていた。

しかし、翌春4月、5月になってもその大株だけ新芽の気配がない。初夏の陽気になったところ、A氏は株を抜いて確認することを決めた。ここに至る長い無為なる葛藤の時間は、灌木系塊根植物の愛好家には痛いほどご理解いただけるだろう。

広げたシートの上で、ひと抱えもある株を横に倒し、まだ湿った赤玉土を株の周りからかき出した。しかし、そこにあるはずの密集した細根は見えない。株を引き上げて、切り口の土を拭っても根はない。それどころか、**発根した形跡**がどこにもないのだ。これまでパキプスの栽培経験があり、秋には鉢底からあふれ出る細根を見てきたA氏に、この状況は理解できなかった。

これだけの大株は葉も茂り、枝も出ていたのだから、誰もが発根を疑わないものだ。それがなぜに根が出なかったのだろうか。**大きな疑問**だけが残ったそうだ。

これまでさまざまな発根事例を取材してきた編集部が、この株についての推論を書くことにした。これは、「発根済み株」を購入後、翌年までの冬越しを失敗する例が少なくないからだ。

このように地上部が葉を展開して、地中で発根をしていないケース。

本書で前述したように、葉の展開と発根のタイミングにはかなりのズレがあること。「枝の生長が発根の証し」というのも絶対的ではないということだ。特に体力のある大株の場合は、葉が展開しても根の状況には慎重な判断が必要だろう。なにゆえ発根しなかったのか、その原因はどこにあるのだろうか？

ここまでの発根推論の先にあるのは、温度や湿度の管理ではなく、**「薬害」**ではないかと考えられる。

パキプス発根のための薬剤として、殺菌剤「ゲッター」や発根ホルモン剤「オキシベロン、ラピッドスタート」が趣味家の中では定番となっている。例えば、このゲッターを直接切り口に塗りつけたりする猛者もいると聞く。

この薬剤は、標準1500倍の希釈率で、残効性、浸透移行性に優れたタイプの殺菌剤。これを基準以上の高濃度で使うと、株の切り口から深く浸透して細胞内に高濃度で残留する。

先述した「水の浸透力は、イオン濃度の差が必要」という生理原理に逆行し、強い成分があるために、細胞は水を吸い上げる能力を失ってしまうのだ。畑で高濃度の堆肥や肥料で根を傷める「堆肥焼け」も同じ原理だろう。

その株は切り口から吸水できず、塊茎に残る水分および養分と、表皮から吸収できる水分によって葉を展開していたのではないだろうか。そして新たな翠葉は、悲しいかな母体の株に残された水分を奪い続けていたわけだ。

切り口付近の細胞は、浸透圧の調整能力を奪われ機能不全のまま秋に落葉を迎えたことが想像できる。輸入から半年以上枯れることがなかったのは、高湿度のハウス内で十分な水やり管理があり、株元などの表皮から吸水していたのではないだろうか？

このような薬害で貴重な個体を失ってしまうことは、すべての愛好家の方々にとって悲しむべきこと。そして、現在でも誤った発根法が行われているのではないかと編集部は危惧している。

世界のナチュラリストから、日本の塊根植物愛好家が金満コレクターと批判されないために、パキプスに限らず貴重なすべての輸入抜き苗の発根管理法を再考しなければならない。

培養土 あれこれ

用土それぞれの特徴を知る

多肉植物に最適な培養土とはなんだろう？植物の栽培を始めたころには、誰もが頭をよぎるギモンだ。

では、最適とは、「植物にとって？ 栽培者にとって？」という２つの観点から「培養土」を考えてみる。

植物にとっての最適とは、その品種の根の大きさや形状、生育期の勢い、休眠期の環境などを考える。小型の種なら粒の小さなものを使う。大型の種で、鉢も大きければ大粒のものを選ぶだろう。粒の大きさにより、粒を重ねた隙間が異なる。それが水はけ（排水性）のよさにもつながる。赤玉土は水もち（保水性）がよく、軽石や砂（砂礫類）などには、保水性が少ない。

水やり好きな栽培者には、「水はけがよく、軽石などを配合」したものがよいだろう。水やりを控えめに育てたいタイプは、赤玉土や鹿沼土など、保水性があるものを主体で考えるべきかもしれない。

問題は、主要用土の赤玉土（鹿沼土）の劣化だ。崩れたものが「みじん」となって、排水性、通気性を妨げる。

諸々、用土の特徴をご理解いただき、「自分にとって、自分の植物にとって最適な培養土」を見つけていただきたい。

鹿沼土 [pH4~5 酸性]

栃木県鹿沼市の周辺地層にあり、赤玉土よりも黄色っぽい火山灰土。土と呼ばれているが軽石質で多孔質。赤玉土よりも酸性で通気性がある。雨の多い日本の土は、地表のアルカリ分が流れていくので酸性に傾いていて、殺菌力もあるとされる。そこに育つ日本の山野草やツツジなどには、この鹿沼土が使われるわけだ。

そして、水分含有量が低く、粒が崩れにくいものが「硬質鹿沼土」として流通しているが、値段が若干高い。

赤玉土 [pH5~6 弱酸性]

培養土の主要な用土として「赤玉土」が一般的だが、あれはどうして玉になっているのだろう？

産地は北関東で、関東ローム層の表土（黒土）の下にある地層に粒状で堆積。１～２mほどの地層を重機で採掘し、ふるいにかけて「大粒、中粒、小粒」とに分けて商品化しているわけだ。「硬質赤玉土」は、硬く崩れにくいものになっているが、どちらも経年劣化で崩れて粘土質の土へと変化する。多肉植物の栽培ではさほど心配ないが、水分を含んだものが凍結すると崩れやすいので、寒冷地など氷点下で栽培するものには使われない。

多肉植物の栽培で、毎年植えかえをするなら通常の赤玉土を使ってもよいだろう。硬質の赤玉土なら２～３年ごとの植えかえでよい。

桐生砂 [pH6~7 中性]

桐生産の火山性の砂礫。通気性はよいが、保水性、保肥性はよくない。山野草、東洋ラン栽培では単独で使われることもある。硬くて崩れにくく、鉄を多く含むために少々重い。

軽石 [pH7 中性]

火山砂礫。灰白色で軽く、きわめて多孔質。中性。通気性・排水性に優れ、保肥性が劣る。大粒のものは、鉢底石として使う水はけをよくする用土。

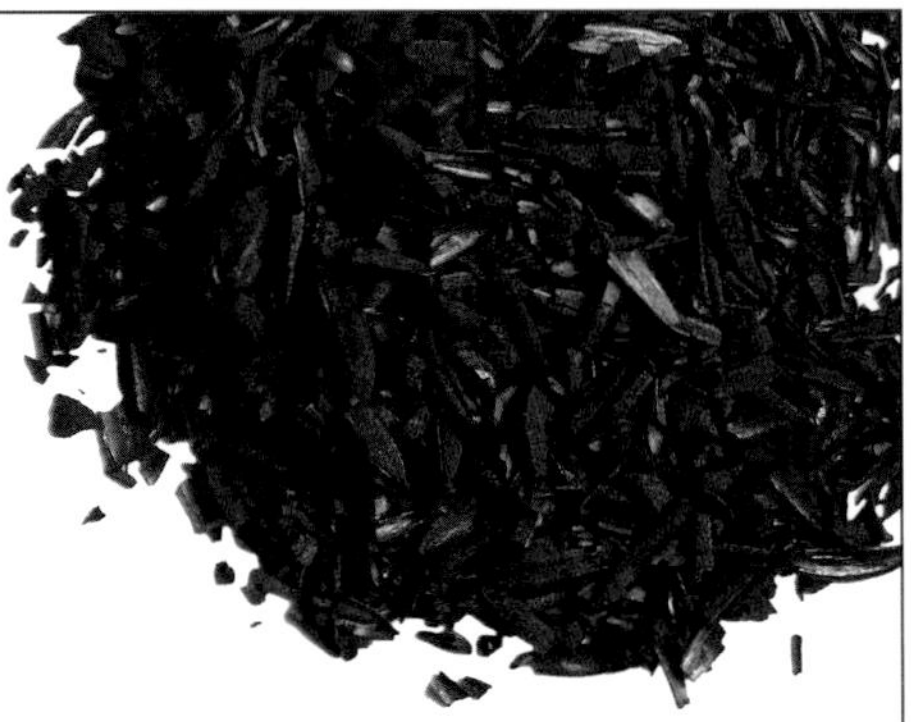

くん炭 [pH8~9 弱アルカリ性]

もみ殻を低温でいぶして炭化させたもの。有機質なので根の生長を助け、多孔質で微生物のすみかとなり環境改善に役立つ。1割以下の割合で配合する。

ゼオライト [pH6~8 中性]

火山活動によって生まれ、海や湖の底に堆積した天然の多孔質構造の天然鉱物。根腐れ防止、脱臭や水質浄化などの効果がある。

肥料分を吸着、保持する保肥性がある土壌改良材。

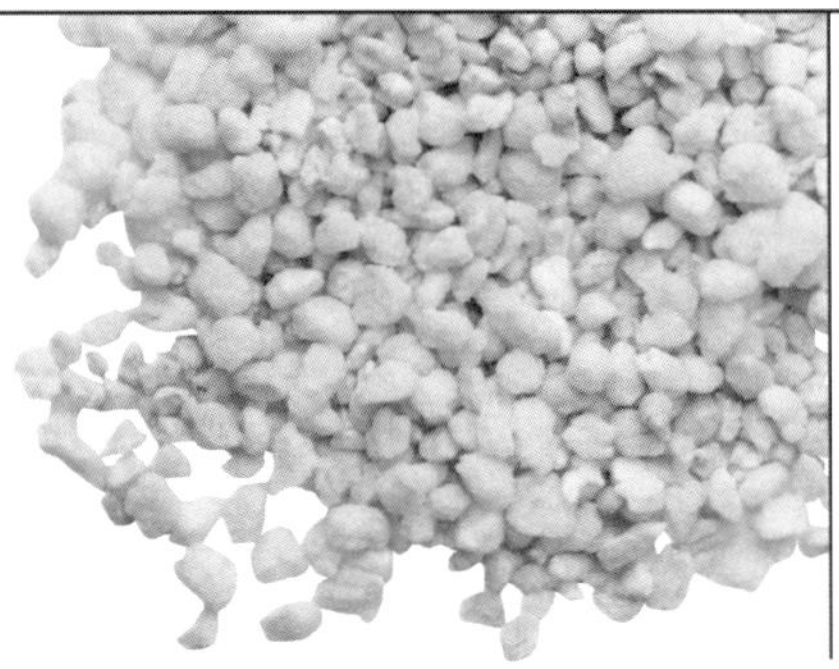

パーライト [pH8 弱アルカリ性]

火山岩のパーライト原石や珪藻土などを高温で熱処理して、ガラス質の岩石中にある水分をガス化して発泡化したもので無菌。

この多孔質化によって、軽量性、排水性や保水性、通気性が高い。土の団粒化にも貢献し、微生物を増やし、土壌を改善する効果もある。

バーミキュライト [pH6.5 弱酸性]

バーミキュライトは苦土蛭石という鉱物を熱処理し、粉砕したもの。主成分は酸化ケイ素、酸化マグネシウム、酸化アルミニウムで、マグネシウムやカリウム、鉄などを微量含んでいる。通気性、保水性、保肥性があり、非常に軽く無菌。

液肥

植物の生長に速効性がある。生長促進が期待できるということは、徒長のリスクもあるので、慎重に使用したい。

バーク堆肥 [pH5~6 弱酸性]

ふるいにかけて小さなものを使うが、未発酵の粒の大きなものを手で取り除いて使ってもよい。根の生長を助ける有機質の用土だが、多く使うと、排水性や通気性が悪くなるので、1割以下の配合で。

緩効性化成肥料

速効性のあるものと違い、ある程度の期間効果が持続する肥料のこと。追肥および元肥のいずれにも使用でき、一度に溶けないため生長の遅い多肉植物にもやさしい肥料。

培養土のサイズは原寸大です

自分流のブレンド

多肉植物を育てるよい土の条件は、「水はけがよい」「水もちがよい」ということがいわれる。水はけと水もち、両極端の意味にも聞こえてしまうが、これが重要なポイントだ。培養土は保水性、排水性、通気性、保肥性、pHなどのバランスを考え、複数の用土がブレンドされている。

赤玉土単体用土で多肉植物を管理しても、簡単に枯れてしまうことはないだろう。赤玉土には「保水性」があり、粒であることで、「通気性、排水性」もよい。前述した複数の用土をブレンドすることで、利点と欠点を補う配合になっているわけだ。

ひと昔前なら「多肉植物の土」も商品化されてはいなかった。根の蒸れを嫌い、通気性のよい土が多肉植物には向いている。

まずは赤玉土中心の配合土を使ってみて、「水もち」を必要としたら、パーライトやバーミキュライトを足すことで、保水性、保肥性が上がる。逆に「鉢土を乾き気味に育てたい」なら、軽石や桐生砂などを加えてみるのもひとつの方法。

購入した鉢植えのものは、生産者の環境に合わせた配合になっている。植えかえのタイミングは、植物の生長サイクルなどを検討して、自分流ブレンドに統一すると、水やり管理はシンプルな作業になる。

自分流ブレンド例

1 間伸びさせたくない！

赤玉土3：鹿沼土2：日向土2：バーミキュライト1

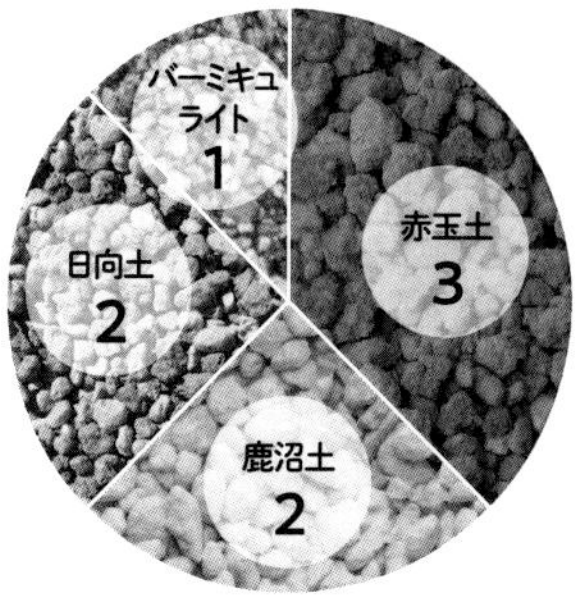

火山灰土3種でかたさやpHの差が生まれる。通気性、保水性、そして微量成分を補っている。

2 生長が早く、根の強い品種向き！

赤玉土3：鹿沼土3：堆肥4

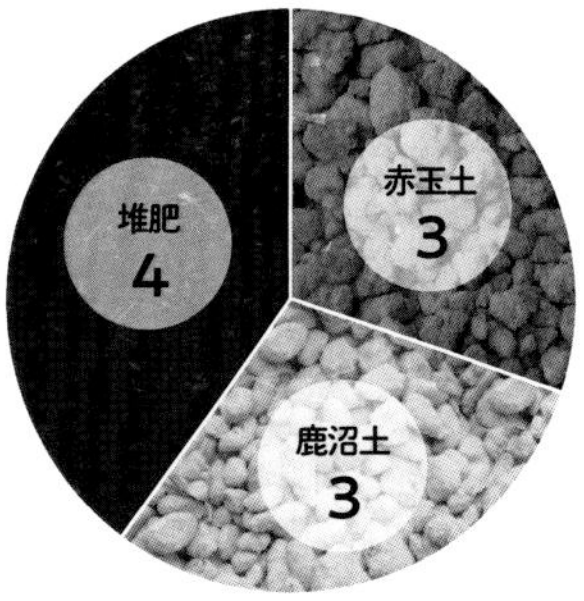

火山灰土は2種、堆肥は有機物質で保肥性を補って土壌微生物を増やすことができる。

3 冬型にも使える安定型

赤玉土3：鹿沼土2：堆肥2：バーミキュライト1

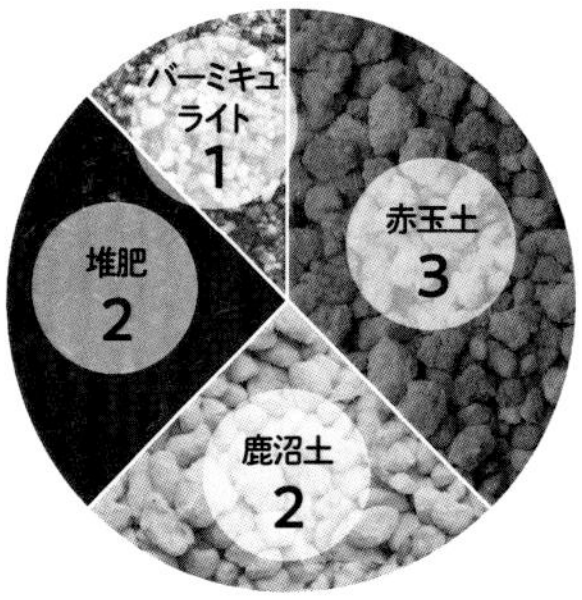

1 2 の改良型。しっかり生長させたい品種向きの汎用ブレンド。

4 蒸れに弱い品種に水はけ重視

硬質赤玉土1：桐生砂2：日向土1：鹿沼土1：くん炭0.3

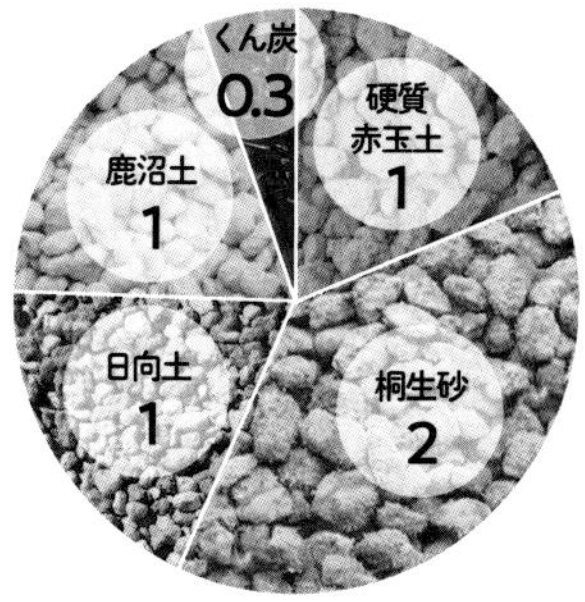

硬質赤玉土と桐生砂で水はけ重視、くん炭の有機成分で保肥性や土壌微生物の増加を意識したブレンド。

5 アガベなどの強健タイプに

赤玉土8：桐生砂2

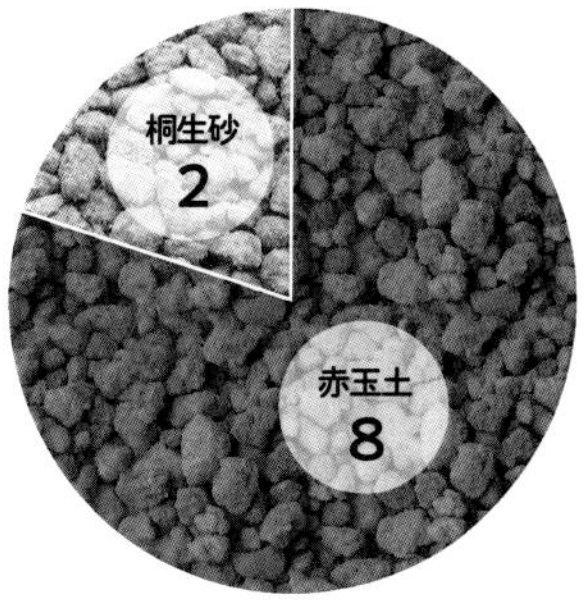

シンプルで排水性も高い。徒長させずに絞って育てたいサボテンやアガベなど向き。

植物活性剤

植物の生理活性を高めるもので、ビタミンや鉄・マンガン・ホウ素といった微量要素などが配合されている。水で希釈して使用するが、これだけで十分な栄養分を補給することはできない。

市販の培養土について考えてみる。

培養土の役目は、植物がしっかり根を張り、地上の株をそれなりに安定させ、その中に水分や酸素、さまざまな養分を一時的に蓄えておくこと。そして、流通している製品としての培養土としては、もっと複雑な事情も内包しているので、そのあたりが冒頭のギモンを複雑にしているのだろう。

あの袋の中身は、果たしてどのようなブレンドなのだろうか? 原材料として表記してあるが、そのカラクリも感じるところだ。なかには驚くほど低価格で、何を混ぜているのか心配になるものもあれば、百均で買った多肉植物を植えるのにはばかられるほどの高額商品もある。流通している、大手メーカーのものを少し拡大し、想像力も踏まえ考察してみる。

この評価基準は、初中級者が失敗しやすい「根腐れなどのトラブル」に注視して、主に「水はけ、水もち」を視覚化したもの。

上級者には、細かな有機物を含むほうが好まれるということもある。

実験は、0.1ℓの培養土に0.1ℓの水をかけ、「重量」「水はけの時間」「保水の割合」を測ってみた。
品種、栽培環境によっての差は少なからずあるが、多肉植物の性質を踏まえて、編集部としての意見をまとめたもの。低評価の培養土では栽培が不可能ということではないので、あえてメーカー名は表記しない。

優良な多肉植物用の配合!

重量　79g/0.1ℓ
水はけ　10秒
保水の割合　5割
肥料　あり

I社「多肉植物の土」
5ℓ　700円

硬質赤玉土(極小粒)をベースに日向土、蝦夷砂、くん炭、ゼオライトなどを配合した粒ぞろい。実験でも排水性、保水性のよさが計れた。
良質の材料のシンプルな配合、緩効性肥料も含んでいる。
価格も含め、アマチュア栽培者には使いやすい培養土といえるだろう。

最安値クラス、実力もそれなり!

重量　43g/0.1ℓ
水はけ　20秒
保水の割合　5割
肥料　あり

H社「さぼてん多肉植物の土」
5ℓ　452円

軽石、ゼオライト、バーミキュライトの粉末が主要成分に見える。粒状ではないので、団粒構造は期待できず、水ぎれもよくない。みじんが多いことで48時間後でも乾きが悪い。質量も軽いため植物を固定しづらい。

※価格は一例です。

未来形の構造！

重量　74g/0.1ℓ
水はけ　12秒
保水の割合　3割
肥料　あり

**A社「ゴールデン粒状培養土
サボテン・多肉植物用」**
5ℓ　968円

ペレット（再生資材）は、団粒構造をつくり水はけがよくなる。赤玉土よりも耐久性が高いとされるが、新しいものは硬質のためか、水もち（保水性）がよくない。これは時間の経過とともに改善されるのではないだろうか。価格は、若干割高だが期待できる。

大きめ粒で、素材厳選！

重量　64g/0.1ℓ
水はけ　8秒
保水の割合　4割
肥料　あり

**S社「室内向け
多肉植物を楽しむ培養土」**
2ℓ　1054円

赤玉土、鹿沼土、軽石、くん炭などが原料。粒が大きめで、水はけはよいが、有機系のものが多く見え、観葉植物にも使えるように、水もちをよくしている。価格は少々高め。

多肉植物栽培では、機能不足！

重量　57g/0.1ℓ
水はけ　10秒
保水の割合　4割
肥料　あり

**H社「多肉植物&
ミニ観葉の土」**
1ℓ　296円

赤玉土、鹿沼土、パーライト、ゼオライトなどが原料。粒がふぞろいで団粒構造は期待できない。観葉植物用に、有機物も多めに含まれるようだ。みじんが多く含まれるので、48時間後でも乾きが悪い。

最安値には、それなりの理由。

重量　48g/0.1ℓ
水はけ　15秒
保水の割合　5割
肥料　あり

**D社「多肉植物・
サボテンの土」**
1.2ℓ　150円

培養土で最安値クラス。

小粒以下の赤玉土と日向土、バーミキュライトや有機物などを粉砕したものを配合。原料はふるいにかけて出た、廃棄物なのではと思うくらいみじんが多い。とにかく軽いので、植物を固定することが難しいだろう。

ケープバルブのしたたかな多様性

藤川史雄 解説・写真｜commentary・photo ＝Fumio Fujikawa
土志田忠昭 文・解説・写真｜text・commentary・photo ＝Tadaaki Toshida

ケープフローラル地域 世界有数の植物帯

南アフリカの南西部には、ケープフローラル地域と呼ばれるエリアがある。この9万km^2の場所は、北海道より一回り広く、そこには9000種以上の植物が確認されている。これは、同じくらいの面積で比較しても、湿潤熱帯地域のパナマや温暖なカリフォルニアよりもはるかに多い品種数なのだ。

驚くべきは、その9000種のほぼ70％が固有種だということ。もうひとつ、その中にここで紹介する約1500種の球根植物を含んでいるということだ。

このエリアには年間の降水量が少なく、夏の干ばつにも近い乾期を耐えることのできる植物の多様性がある。そのさまざまな形態が、世界の植物愛好家を魅了するものなのだ。

藤川史雄《ふじかわ ふみお》

園芸家、SPECIES NURSERY代表。少年期に「朧月(おぼろづき)」を葉挿ししたことで、多肉植物の栽培に目覚める。サラリーマンを経て、それまで趣味だった植物を仕事として始めた。ケープバルブ、多肉植物、ティランジアをはじめとするブロメリア科植物などの栽培・販売を手がける。現在は300種ほどのケープバルブを扱う。南米、南アフリカの自生地をこよなく愛し、死んだらあの大地の肥料になりたいといってはばからない。

http://speciesnursery.com
@speciesnursery
@speciesnursery

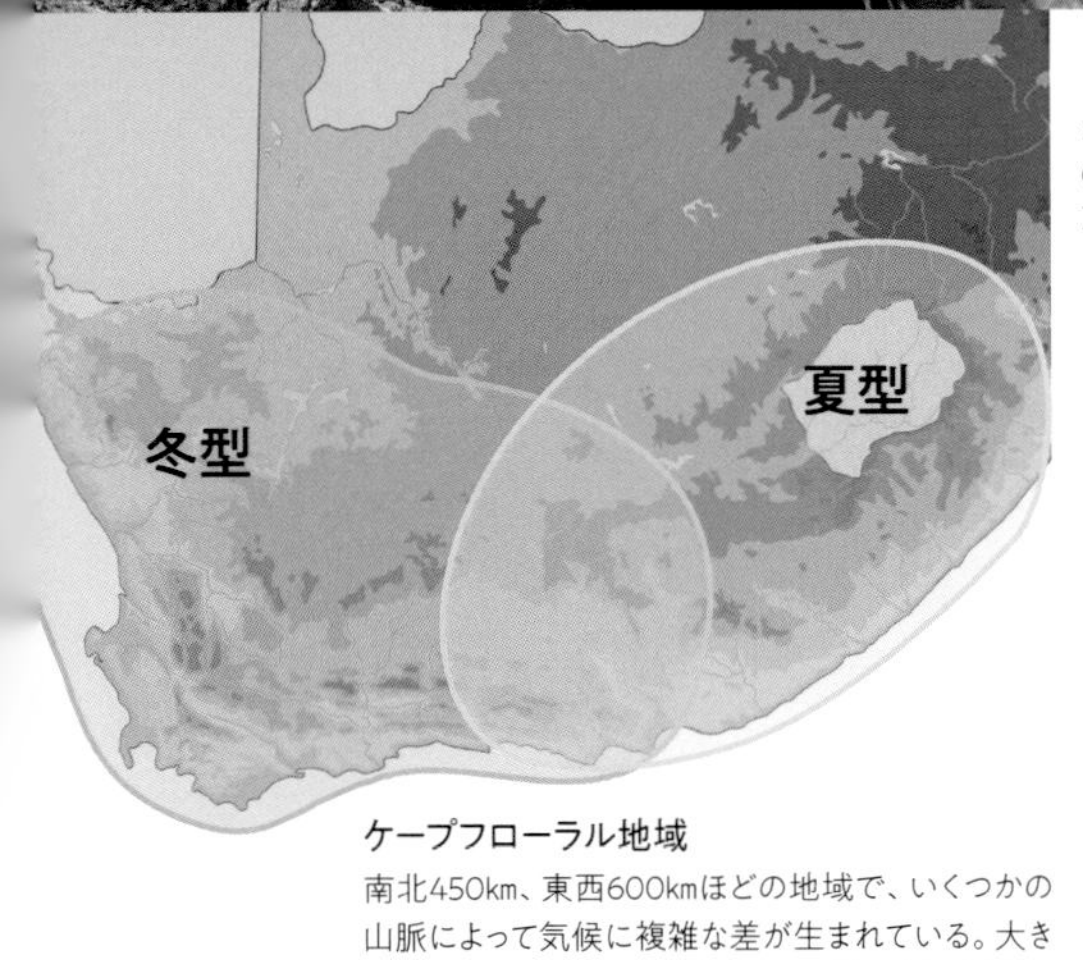

ケープフローラル地域

南北450km、東西600kmほどの地域で、いくつかの山脈によって気候に複雑な差が生まれている。大きく分けて、西側は冬に雨期があり「冬型」の植生。東側は夏に雨期があるため「夏型」とされる。

Cape bulb

土志田忠昭 としだ ただあき

大手種苗会社に勤務していたころから、海外の珍しい植物のタネを入手し、手探りの栽培を続けてきた。これまで数多くのケープバルブを育ててきたが、タネから栽培したものも少なくない。2018年、研究者ジョン・マーニング氏の案内で南アフリカを歩き、自生地に咲く球根類の姿にさらに魅せられた。

土志田忠昭

ケープの気候「冬型」と「夏型」

広いケープフローラル地域の中では、降雨のパターンにも違いがあり、その季節性において2つの気候帯に分けられる。

そのエリアを明確に2つに分けることは難しいが、西側と東側で大きく差がある。生育地に合わせて「冬型」、「夏型」とされるが、この中間的な生育サイクルの品種もあることを理解しておくとよい。

4月から9月の冬季に降雨があるエリアに自生するのが「冬型」とされる種で、冬に生長し夏休眠するサイクル。そこは地中海性気候で11月から3月の夏は降雨がほとんどなく極端に乾燥するが、南西部の山脈には地形性の雲がかかり、高地に自生する植物に恵みの雨を降らす。

真冬でも最低気温は4度を下回ることがなく、霜などはあるが、山地や海岸部でも降雪はめったになく、比較的穏やかな気候だといえるだろう。

真夏の高温と乾燥は、この地域の植物にとっては大きなストレスで、ほとんどの植物がこの時期に休眠する。

東側半分には、夏に生長する「夏型」のバルブも存在するが、西側ほどの品種数ではない。ここでも夏の降水量は少ないが、南東部には海岸沿いから軽い霧雨や霧があり、これが山脈の南斜面や丘陵地帯の植物の生長には効果的なのだ。

とはいえ、広域に自生する品種もあり、2つのエリアと生長サイクルを限定することは難しい。だが、その環境をイメージすることは、国内栽培の一助になるだろう。

ケープバルブとは曖昧な分類

ケープフローラル地域にある固有種の17％を占めるとされるのが球根植物だといわれているが、この〝ケープバルブ〟の定義はとても曖昧なものなのだ。

植物の分類学に裏づけられたものではなく、どちらかといえば園芸の世界から見た趣味性を含んだものかもしれない。

自生地の〝バルブ〟は、雨期の生長と厳しい乾期の休眠を毎年繰り返しながら、その厳しい環境の中から美しい花や個性的な葉の形状を作り出してきた。

渦を巻くような葉は、しなやかに強風に耐え、ねじれた葉で効率よく太陽光をとらえる。地面に平たく伸びた葉は、風の影響を最小限にしている。葉に産毛をもつ種は、霧や小雨も取り込むための形状だろう。そしてさまざまな花の形や色、個性的な表情のすべてが園芸家を魅了するところだ。

1500種にもなるとされる原種数は、アヤメ科、キジカクシ科、ヒガンバナ科などの科からなる多くの「属」が数えられ、現在も研究の途上であるために、正確な品種数を特定することはできない。南アフリカの野生植物研究者であるジョン・マーニング氏の著作においてもその数は断定的ではなく、1200～1500種ということになっている。

これは、自生種の数というよりも、どこまでを〝バルブ〟と判断するかという、主観的な部分があることをご理解いただきたい。

さまざまな球根

ここに使う「バルブ＝球根」は、養分を蓄える茎や根などの複数の形状。一般的なチューリップやタマネギのようなものだけではなく、茎や根の形にもケープバルブが広義なものだということがわかる。本書では、これらを含めて〝バルブ〟として解説していく。

鱗茎（バルブ／*Bulb*）

ユリやチューリップのように、地下に多肉化した鱗状葉（葉の器官）を多数重なるようにつけているもの。

球茎（コーム／*Corm*）

グラジオラスやサトイモのように、地下にでんぷんなどを蓄えるために、茎の基部が肥大したもの。

塊茎（チューバース／*Tubers*）

ジャガイモやクワイのように、地下茎が養分を蓄えて肥大したものだが根とは区別される。

塊根（チューバースルーツ／*Tuberous root*）

サツマイモやダリアなどのようなイモ状の貯蔵形態。珍奇植物用語の「塊根＝コーデックス」と使い方が異なる。

根茎（リゾーム／*Rhizome*）

茎が変態したもので、地中では根のように見える。ワラビやシダ類にこの形態がある。

あまたある球根植物その分類は

ケープフローラル地域の品種数に確定的なデータはないが、その半分ほどが〝アヤメ科〟、約2割が〝キジカクシ科〟、次に多いのが〝ヒガンバナ科〟、〝キンバイザサ科〟、〝イヌサフラン科〟などがある。

ドリミオプシス
Drimiopsis
サハラ砂漠以南のアフリカ原産のキジカクシ科の球根植物。ほぼ夏型。

レデボウリア
Ledebouria
キジカクシ科の球根植物。インドからアフリカまで広く分布。主に夏型。

エリオスペルマム
Eriospermum
キジカクシ科の塊茎植物で、サハラ砂漠以南のアフリカ原産。約80～100種が自生。夏型と冬型がある。

ブーフォン
Boophone
ヒガンバナ科の球根植物。アフリカ南部に2～3種、冬型と夏型がある。古くはブーファン(Boohane)。

マッソニア
Massonia
キジカクシ科の球根植物。南アフリカ原産で、2種を除き夏は休眠する冬型(写真は夏型種)。

モラエア
Moraea
南西アジアから南アフリカに広く分布するが、そのほとんどが南アフリカで冬型。アヤメ科の球根植物。

ゲチリス
Gethyllis
ヒガンバナ科の球根植物で、ナミビア南部から南アフリカのケープ地域に多く自生する。主に冬型。らせん状の葉をもつ種が多くある。

Boophon deisticha
ブーフォン
ディスティカ

自生地では100年以上もの株があるといわれる、ケープバルブの中で最大級の種。アルカロイド系の猛毒を含むため、家畜には有害な植物として廃棄される。
アフリカ南部に広く自生し、南アフリカでは主に夏型エリアに生息する。

太く多肉質の主根は「牽引根」と呼ばれ、生長に伴って球根が地上部に出るのを防ぐ。細根は、広範囲に伸びる。主根、細根ともに生長が早いため、鉢の根詰まりに注意したい。

Albuca concordiana
アルブカ
コンコルディアナ

ナミビア南部~南東ケープ原産。夏季の酷暑と乾燥に耐え、雨期の始まりとともに休眠を終えて葉を伸ばす。葉は強風に耐え、光合成の効率を上げるために、らせん状に進化したとも考えられている。

Androcymbium アンドロシンビウム

Androcymbium burchellii

ブルケリー

実生で増やしにくいアンドロシンビウムだが、この種は分頭しにくく、なかなか増えない。コルチカムに含む学説もあるが、ここではアンドロシンビウム属として扱う。

Androcymbium sp.

アンドロシンビウム sp.

性質はシリオラツムと同様だが、葉に美しい模様が入る別種。10年以上前に友人が南アフリカより輸入した種子から出たもの。

Androcymbium ciliolatum

キリオラツム

地面に張りつくようにして生長する。花を咲かせるが、花弁のように見えるのは苞。植えつける前に長く伸びた球根の殻を切ると葉が出やすい。

Bowiea ボウイエア

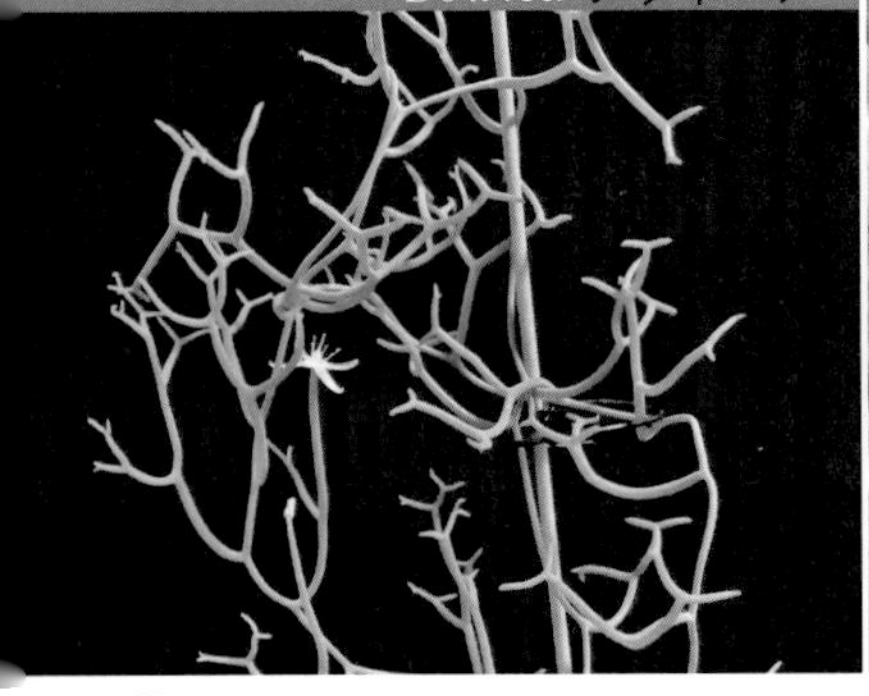

Bowiea gariepensis

ガリエペンシス

年間降水量50～200㎜という、非常に乾燥したナミビアから南アフリカ北ケープ州原産。夏型のヴォルビリスの亜種とする場合もある。

Babiana バビアナ

Babiana cuneata

クネアータ

北西ケープの砂岩の平地、岩の隙間などで自生。花弁の中央にスポットが入る華やかな花だけでなく、幅広で溝が入った葉も観賞価値が高い。青い大きな花を春に咲かせる。

Babiana crispa

クリスパ

縁が波打つ葉がねじれて伸び、草丈は20㎝以内、薄青色の大きな花を冬に咲かせる。子株が出て群生しやすく、育てやすい。栽培は水を好むので用土を細かく。

Albuca アルブカ

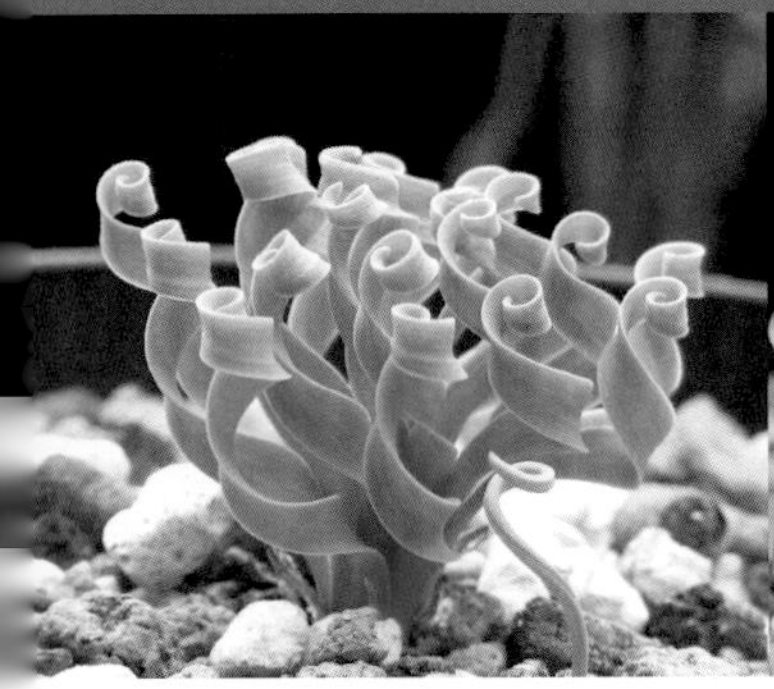

Albuca concordiana

コンコルディアナ

ナミビア南部～南東ケープの平地に生育し、春に開花、コイル状の葉が特徴。国内で最もポピュラーなケープバルブで比較的育てやすい。写真（右）は小型のタイプ。しばしば、オーニソガルム属としても扱われるが、花の形状からアルブカに含まれると思われる。乾燥・通風・強光線下でこのコイル状葉の特徴が出る。

Albuca bruce-bayeri

ブルースベイエリ

以前はスピラリスとして扱われていた種。西ケープ州リトルカルー原産。初秋になると葉が出て、同時に花を咲かせる。葉が少しべとつく。

Albuca albucoides

アルブコイデス

西ケープ州に自生。以前オーニソガルム属で、アルブカに似ていることからアルブコイデスと命名されるが、後にアルブカ属に移行したため、「アルブカのようなアルブカ」というややこしい学名となっている。

Albuca villosa
ヴィローサ
幅5～7㎜ほどの葉にまばらに毛が生え、草丈は最大で20～25㎝ほど。花茎を伸ばし、薄黄色の花をつける。

Albuca unifoliata
ユニフォリアタ
北ケープ州の限られた地域にのみ分布。地上部に多肉質の棒状の葉を1～2本出す。

Albuca foetida
フォエチダ
細葉タイプのアルブカ。日と風によく当てたほうが葉がしっかり巻く。葉の表面を覆うのは毛ではなく腺毛。

Albuca dilucula
ディルキュラ
北ケープ、西ケープ州産。縁が波打つ幅広い葉を1枚のみ出す。

*Boophone*ブーフォン

Boophone disticha
ディスティカ
アフリカ中部から南アフリカにまで分布し、主に夏の降雨地域で見られる。日本では冬型として栽培することもあるが、夏型栽培を意識したほうがよい。葉が波打つものと波打たないものがあり、南の寒冷地産のほうが葉が波打つものが多い。

Boophone disticha
(Eastern cape Type)
ディスティカ イースタン ケープタイプ

Boophone haemanthoides
ハエマントイデス
南アフリカの西ケープ州の西海岸地域から、高原地帯まで自生。ディスティカよりも葉の青白さが強い種。ナマクアセンチュリープランツの別名がある。10月に大きな球根から波打つ葉が出て見応えがある。

Boophone haemanthoides ssp. ernestii-ruschii
ハエマントイデス アーネスティールスキー
以前はアーネスティールスキーとして個別の種とされていたが、現在はハエマントイデスの亜種として扱われる。ブルーの葉が美しい。ブーフォンの中で、バルブの大きさは最大。

Bulbine margarethae

マルガレサエ

日陰で、休眠期でも水気がある場所に自生する。土が細かければこぼれダネでも芽が出ることがある。微粒の土がよい。葉が細くて分頭する。

Bulbine fallax (Bitterfontein)

ファラックス

北ケープ、西ケープの赤土、花崗岩質の土壌に石英の小石が広がる平地に自生。葉は扁平で多肉質、黄色の比較的大きな花を咲かせる。

Bulbine bruynsii

ブルインシー（つくし玉）

北ケープ州の限られた地域にのみ自生。国内には10年ほど前に導入された種。大きな株は休眠期は完全断水したほうが腐らない。独特な草姿は人気がある。

Bulbine aff. *mesembryanthemoides*

ブルビネ aff. メセンブリアテモイデス

メセンブリアンテモイデスの名前で輸入。葉が細く長く伸び、レンズ状の窓がない種。

Bulbine haworthioides

ハオルチオイデス

南アフリカ、西ケープ州のごく限られた石英砂利の地域に自生。種小名はハオルチアに似ることから。

Bulbine sp.

ブルビネ sp.

草丈4～5㎝の棍棒状の葉を出す不明種。根の周りを完全に乾かしすぎないほうがよい。休眠期に完全断水をせず、水を与える。

Bulbine mesembryanthemoides

メセンブリアンテモイデス

南アフリカのナマクアランドから東ケープまでの岩が多い斜面や平地に自生。短い円筒形の多肉質の葉で、ガラスのような透明な窓がある。

Bulbine triebneri

トリエブネリ

白い花を咲かせるブルビネは珍しい。シノニムB.アルバとも呼ばれる。年中生長する。

Bulbine torta

トルタ

針金状の細い葉が乱れるように伸びる。北ケープ州と西ケープ州にまたがる地域にのみ自生。秋に塊茎からねじれたコイル状の糸状の葉。2月ごろに黄色から明るいオレンジ色の花を開花。

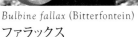

Brunsvigia ブルンスビギア

Brunsvigia radula

ラドゥラ

プスツラータと似た姿。写真は過去に1度だけ輸入された細葉で赤い毛の個体群。近年輸入のものは、やや丸葉で黄色がかった毛。

Brunsvigia pustulata

プスツラータ

正式な学名かは不明。ラドゥラと同種とする向きもあるが、葉が長く、表面がパウダーブルーで金色の毛が生えている。分頭はしない。花はテニスボール大の花房。秋咲き。

Brunsvigia gregaria

グレガリア

薄いピンクから赤の花を手まり状に咲かせる。花序は最大40cmほど。

Brunsvigia bosmaniae

ボスマニアエ

ケープ岬の西側エリアに多く自生。巨大株になると6枚の葉が出て、まり状になる集合花を咲かせる。

Crassula クラッスラ

Crassula saxifraga

サキシフラガ

地下に塊茎を有する。種小名サキシフラガはユキノシタ科植物に似ることに由来する。岩陰で湿り気が保たれているような場所や、雨期に十分な水がたまるようなくぼ地に多く生える。

Crassula alcicornis

アルキコルニス

ピンポン球より小さな球形または楕円形の塊茎で、表面に毛が生えている。花茎が5cmほど伸びて花が咲く。

Crossyne クロッシネ

Crossyne flava

フラバ

昔はブーフォン・フラバとされていた。本種はブルンスビギアに似た株姿で、黄色い花を咲かせる。

Crassula umbella 'Wine cup'

ウンベラ 'ワインカップ'

ウンベラの種小名は、日傘に由来する。葉の形状は平らな円盤状のものや2枚葉のものもある。盃状の葉をもつものがワインカップと呼ばれている。

Drimia ドリミア

Drimia acarophylla

アカロフィラ

国内導入当時は、アルブカ・ユニフォリアタと混同されていた。春に花が咲く。夏も多少水を与えたほうがよい。ダニに擬態しているともいわれる。

Daubenya ダウベニア

Daubenya zeyheri

ゼイヘリ

南アフリカ 南西ケープ州の石灰岩から沿岸砂浜に自生。地面を這うように2枚の葉を広げる。ビビッドな色彩のしべが目を引く。

Daubenya stylosa

スティロサ

南アフリカ　ボッケヴェルド高原に自生。黄色く華やかな花からは、蜂蜜の香りが漂う。粘土質土壌の中に生える。

Drimia loedolffiae

ロエドルフィアエ

東ケープ原産。2006年に命名。岩山の斜面や崖のくぼみに張りつくようにして自生。球根は自生地でも露出している。花の形状からアルブカ属に近いものと思われる。

Drimia exuviata

エクスビアータ

かたい葉が直立するほかの種とは異なる株姿。ナマクアランドからグラハムズタウンにかけて分布。旧名であるテニクロア・エクスビアータの名で入手した。休眠期の乾燥に弱いようだ。

Drimia ciliata

キリアータ

直径約8cm、花茎約5cm。分球することで増える。種小名は「まつげ」の意味。葉縁に毛があることに由来。

Drimia platyphylla

プラティフィラ

西ケープ州に自生。表面に細かな毛が生える。休眠期に5cm程度の花茎を伸ばし可憐な花を開花。葉の下あたりにムカゴがつく。

Drimia physodes

フィソデス

北ケープ州、オーグラビーズに自生。休眠期が短く、夏断水すると球根がしなびるほどの水好き種。この種は落葉してから開花。3~4月に花が咲く。

Drimia multifolia

ムルティフォリア

ナマクアランド南部から南西ケープの水が停滞する土壌に自生。希少種でらせん状の葉。草丈は15cmほど。休眠期も完全断水を避け月1回程度は水を与えたほうがよい。

Eriospermum appendiculatum

アペンディクラツム

西ケープ・ステートルビルにのみ自生。平らな葉から付属器が角のように発達する。

Eriospermum aphyllum

アフィルム

地面から花茎のみを出し光合成を行う。株が若いと花は咲かない。秋に白い花を咲かせる。

Eriospermum alcicorne

アルシコルネ

平らな葉から付属器（イネーション）が剣葉のように発達。

Eriospermum cervicorne

ケルビコルネ

西ケープ州。付属器は毛が生えた鹿の角状に分岐。丈夫だが生長は遅くあまり増えない。

Eriospermum capense

カペンセ

葉の直径15cmにもなる。20年育てているが葉が増えず、塊茎もあまり大きくならない。しかし、大きく調子を崩すことはなく丈夫。種小名は産地のケープ（Cape）から。

Eriospermum bowieanum

ボウイエアヌム

*bowiea*に似ているとされているがどこが似ているのかはよくわからない。棍棒状のやわらかい付属器がつき、草丈は5cmほど。西ケープ州ウスターカルー原産。

Eriospermum bayeri

バイエリー

15年以上育てた株は、大きくなると塊茎の直径が25cmを超え、プラ鉢がゆがむほど勢いがある。丈夫な種類。

Eriospermum dregei

ドレゲイ

草丈は7～8cmほど。手に入りやすい種で栽培は容易。ハート形の葉から毛が生えた鹿の角のような付属器が出る。砂岩と花崗岩からなる土壌の中に生える。8月下旬ごろには休眠が明ける。栽培は容易。

Eriospermum descendens (Moedverloor)

デスケンデンス

南アフリカ西部、モエデバールーア産の個体。地下に大きな塊根をもち、丸い葉が地表に伏せるように生長。大きな鉢で群生させるとよい。

Eriospermum lanceifolium

ランセイフォリウム

剣状の葉が立ち上がる株姿。草丈は17〜18cmほど。バイエリーに似るが、そこまで葉柄は長くならない。丈夫で育てやすい。

Eriospermum folioliferum (Komaggas)

フェリオリフェルム

イモが最大、直径10cmを超える。草丈は15cmほど。付属器が立派で、葉の上に葉が生えたような姿になる。

Eriospermum ernestii

エルネスティ

葉の長さは7〜8cmほどに生長。やや明るい黄緑の葉が出ると同時に花が咲く。冬型だが、夏に動くこともある。

Eriospermum erinum

エリナム

葉の表面に太い突起が出て、その先端に毛が生える。葉の大きさは、最大5cmほどになる。

Eriospermum ornithogaloides

オーニソガロイデス

葉に細かい突起と、その先端に短い毛が生える。白い花弁の中心に濃い緑のストライプが入る。

Eriospermum multifidum

ムルチフィダム

ナミビア国境のごく限られた地域に自生。プロリフェルムに似るが、大型で草丈は15cmほど。葉柄先端の葉から松葉のような細い付属器が長く伸びる。

Eriospermum paradoxum

パラドクサム

全体を覆うフサフサとしたものは付属器で、白いものから薄いグリーンのものもある。和名「霧氷玉」。

Eriospermum paradoxum Type-KH

パラドクサム

パラドクサムの、毛が密になるタイプ。

Eriospermum proliferum

プロリフェルム

ムルティフィダムに似た草姿で、草丈約5cmと、より小型。ランナーで増える。乾燥させるとしおれやすく、休眠期も月に1回程度水を与えたほうがよい。特に小苗は乾かしすぎないこと。

Eriospermum pustulatum
プスツラツム
西ケープ州に自生するが入手は非常に難しい。全体に毛が生えた葉は最大10cmにもなる。

Eriospermum pubescens
プベスケンス
西ケープ州に自生する。葉の裏面に銀色の毛を生やす。地下のバルブがランナーで増える。

Eriospermum titanopsoides
チタノプソイデス
自生地は2カ所ほどしか知られていない希少種。葉は水泡状の突起で覆われ、非常に乾燥する場所の石英に混じって生きる。マニア羨望の種。

Eriospermum sp. (Halfmanshof)
エリオスペルマム sp.
西ケープ州、ハーフマンズホフで採取された、カペンセと思われる個体。ハート形の大きな葉は15cmほどでかなり大きい。丈夫でよく育つ。

Eriospermum sp. (Kouebokkeveld)
エリオスペルマム sp.
南アフリカ西ケープ州の山地で採取された個体。デスケンデンスに似ているが、葉の表面が細かな毛で覆われている。

Freesia viridis ssp. *crispifolia*
ヴィリディス クリスピフォリア
ナミビアから北ケープ、西ケープ州に分布。トリトニア・クリスパと混同されて流通しているが、クリスパの花はクリーム色から淡いピンク。本種の花は緑色〜茶色。

Freesia フリージア

Freesia viridis
ヴィリディス
一般的なフリージアとは花の形状が異なる。花弁が反り返った花もまた面白い。緑〜茶色まで花色の幅がある。

Ferraria フェラリア

Ferraria sp. (Clanwilliam)
フェラリア sp.
けし色のくすんだ花弁の中心に、淡い青い筋模様が入る花は先端がフィラメント状に伸び、まさに奇花。草丈15cm程度で開花する小型種。葉がスクリュー状にねじれる。

Eriospermum villosum
ビロスム
直立する葉の裏表両面に毛が生えている。草丈は20cmほど。

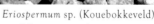

Gethyllis campanulata
カンパニュラータ
草丈15cmを超える大型になるゲチリスだが、写真はまだ小苗。葉が巻かないものもある。キキョウ、カンパニュラのような花を咲かせる。

Gethyllis britteniana
ブリッテニアナ
草丈20cmほどになる大型種。比較的育てやすい種。葉っぱのつけ根のサヤ（苞葉）に斑点が入り、球根は直径7.5cmほどになる。

Gethyllis barkerae
(Nardouwsberg)
バーケラエ
セトーサの近縁種、毛に覆われた葉が放射状に広がる。リーフスパンは直径5cm程度でゲチリスの中では小型。

Gethyllis setosa
セトーサ
南アフリカ北ケープ州ブラートラップで採取された地域変異個体。細葉タイプ。非常にまれな種で栽培は困難。

Gethyllis hallii
ハリー
ゲチリスの中では、あまり国内で栽培されていない種。葉はらせん状に巻かず、表面に毛もない。

Gethyllis linearis
リネアリス
リネアリスも個体差、地域差があり、これは葉の幅が2mm足らずの細葉タイプ。

Gethyllis linearis (Zandkraal)
リネアリス
リーフスパン約5cm、球根の直径約3cmの小型のゲチリス。きわめて乾燥した地域に自生し、比較的育てやすい。

Gethyllis oligophylla
オリゴフィラ
南アフリカ共和国西ケープ州のビエドゥー渓谷に自生。らせん状に巻く葉は、先端に行くに従い強く巻く。極めて希少な種。

Gethyllis villosa

ヴィローサ

ねじれた葉がらせん状に巻きながら伸びる小型のゲチリス。らせん状に巻かないものもある。

Gethyllis lannugiaosa (Zandkraal)

ラヌギノーサ

北ケープ州と西ケープ州にまたがり分布する。平地か斜面の砂地または石の多い土壌に自生。 毛の生えたブルーの葉をきついらせん状に巻く。親株でも地上部の大きさは3cmほどの小型種。

Gladiolus グラジオラス

Gladiolus trichonemifolius

トゥリコネミフォリウス

細い線状の葉、花はクリームイエローで芳香がある。雨期に湿り気が多い砂地で自生。分球か実生で増える。

Gladiolus alatus

アラタス

南アフリカ南部一帯に自生。花色は濃いオレンジ色、心地よい芳香。コンパクトな草丈で栽培しやすい。

Gethyllis verticillata (Piketberg)

ヴェルティシラータ

南アフリカ、ケープタウン近郊のピケットバーグでの採取株。花弁の先端がやや丸みを帯びる。

Gethyllis verticillata

ヴェルティシラータ

葉のつけ根のサヤ（苞葉）にハカマが出るのは、ゲチリスではほかにはない。中型ゲチリス。葉が出ていない時期に開花する。

Gladiolus virdiflorus

ビリディフロルス

秋の出葉時の茎元の白い肌に黒茶模様の斑が入り交じる。花色全体が緑のものから、先端が白いものまで幅がある。

Gladiolus uysiae

ウイシアエ

茶色がかった紫色で晩冬から早春に開花。暗い縞模様がありよい香りがする。草丈10cm以内でグラジオラスの中では最小。

Gladiolus equitans

エクイタンス

南アフリカのナマクアランド原産。葉は幅が広く、革のよう。春咲き系のグラジオラスで草丈は40cmくらい、アラタスとよく似た花を咲かせる。

Haemanthus ハエマンサス

Haemanthus deformis

デフォルミス

クアズールーナタール原産。ハエマンサスの中でも葉の幅が広く、人気が高い。ほぼ常緑で、葉が枯れると次の葉が出て、通年生長する。

Haemanthus crispus

クリスプス

秋分のころに花が咲き、その後に葉が出る。花色は主に赤、まれにピンクの花もある。

Haemanthus cf. *barkerae*

ハエマンサス. cf. バーケラエ

バーケラエ同様2枚の葉を立てて出すタイプで花も似ているが、こちらのほうが葉の幅がある。写真は20年ほど前、南アフリカから導入したタネからの実生株。

Haemanthus barkerae

バーケラエ

葉は株が成熟しても最大幅3cm程度。花はピンクだが個体で濃淡のバリエーションがある。栽培容易。

Haemanthus pubescens

プベスケンス

ケープタウンからナミビア南部にかけてのエリアの砂地に自生する。毛に覆われた楕円形の葉を2枚出す。花は秋分のころ。

Haemanthus nortieri

ノルティエリ

初秋に開花、中秋に粘着性のある葉を上向きに1枚だけ出す希少種。

Haemanthus namaquensis

ナマクエンシス

ハエマンサスの中では希少な種類。突然枯れることがある。通常、分頭はしないが、元の球根の生長点が止まり三頭になったもの。

Haemanthus humilis ssp. *humilis* (most dwarf form, Grahamstown)

フミリス フミリス

東ケープ州グレアムズタウン周辺で採取された矮性の個体群。1枚の葉は5cmほど。

Hessea ヘッセア

Hessea breviflora (Komaggas)

ブレビフローラ

ケープ地方の北西部から南西部原産。直径約12〜15cmのピンクの花を秋に咲かせる。栽培は容易だが寒さにはやや弱い。

Hesperantha ヘスペランサ

Hesperantha vaginata

ヴァジナータ

西ケープ州ヴォッケヴェルド高原に自生。コントラストが美しい花を咲かせる。人気の高い種。

Hesperantha humilis

フミリス

砂岩や頁岩に覆われる斜面で自生する。濃いピンクの直径5cmほどの花を咲かせ、花目当てで楽しみたくなるケープバルブのひとつ。

Haemanthus rotundifolius

ロツンデフォリウス

現在はサンギネウスに統合されている。写真は南アフリカ南部採取のタイプ。サンギネウスの中では大型で、葉の長さが40cmほどの丸葉の魅力的な大型種。

Lachenalia callista

カリスタ

もともと多様な形質のバリエーションを含む種として分類されていたが、アロイデスなど7種に分けられ、現在は写真のタイプのみがカリスタとして扱われる。

Lachenalia bulbifera

ブルビフェラ

筒状の鮮やかな朱色の花弁の先端に、緑のポイントが入る印象的な花を咲かせる。ケープ半島に自生。

Lachenalia angelica

アンジェリカ

北ケープ州の一部にのみ自生。毛が生えた2cmほどの葉を1～2枚出す、最小のラケナリア。小輪の白花が可憐。

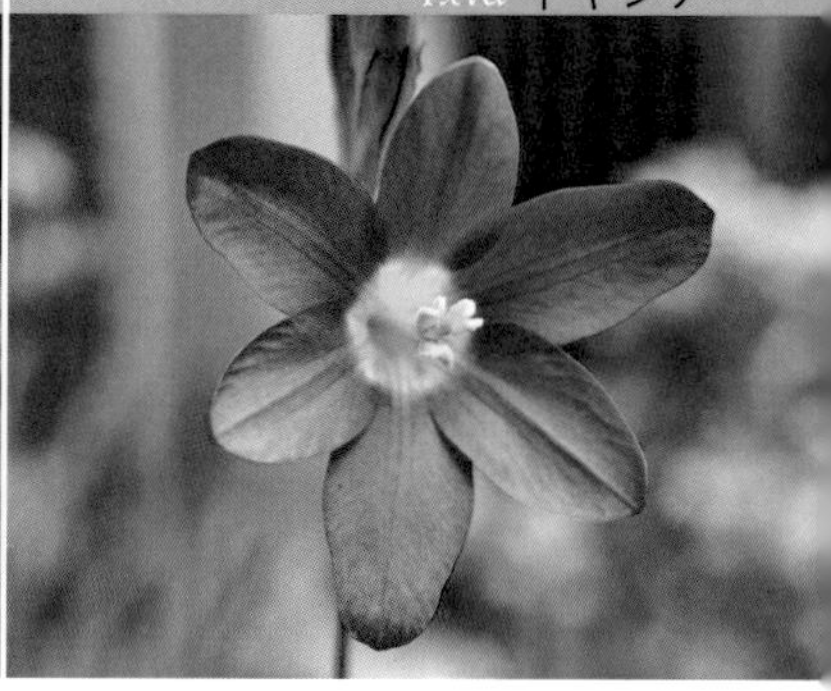

Ixia latifolia

ラティフォリア

南アフリカ南東部に自生。花色はピンク、紫などで、白花はごくまれ。

Lachenalia juncifolia

ユンキフォリア

白からピンクの花弁に濃い赤紫、淡いブルーなどのポイントが入るなど、花色のバリエーションが多い。石灰岩の岩場の隙間や、砂地でコロニーを形成する。

Lachenalia ensifolia
(syn. *Polyxena ensifolia*)

エンシフォリア

ケープ州のごく乾燥したエリアに自生する。白～淡い赤紫の清楚な花を咲かせる。旧名ポリクセナ エンシフォリアのほうがなじみ深い。

Lachenalia elegans

エレガンス

南アフリカ北西部、ニーウヴォウトヴィル近郊に自生。長い花房に黄色、青～紫などの花色の小さな花をたくさん咲かせる。

Lachenalia carnosa

カルノーサ

北ケープ州に広く分布。幅が広い2枚の葉を出す。紫色の花には濃淡がある。

Lachenalia mutabilis

ムタビリス

ケープ半島からナマクアランド一帯に自生する。花色もクリーム色から赤紫と、自生エリアやコロニーによって形質の差が大きい。

Lachenalia longibracteata

ロンギブラクテアータ

淡いブルーから黄色の花が咲き、地域によって花弁の先端が赤紫になったり、あるいは単色であったりする。粘土質の土壌に自生する。

Lachenalia liliflora

リリフローラ

小さな白花の先端に、赤紫または茶色のポイントが入る可憐な花姿。草丈10～20cmと株もコンパクト。

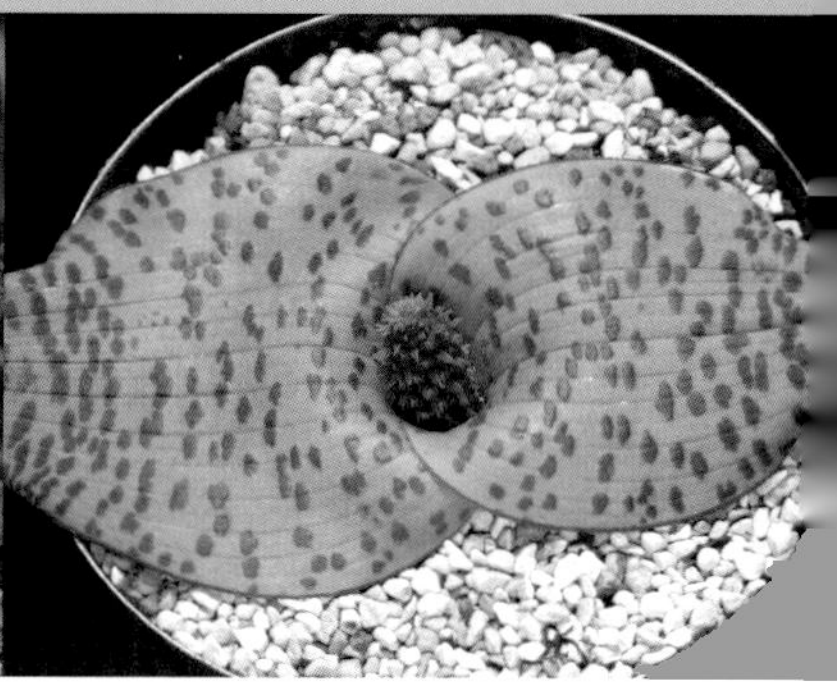

Lachenalia kliprandensis

クリプランデンシス

南アフリカのブッシュランドの南西部にあるクリプラン原産。マッソニアを思わせる肉厚でまだら模様が入った葉をもち、花がない時期も観賞価値が高い。

Lachenalia polyphylla
ポリフィラ
南アフリカ・西ケープ州原産。10カ所に満たない自生地しか知られていない、希少な矮性種。比較的湿った場所に生えていることが多い。

Lachenalia perryae
ペリアエ
南アフリカ・ケープタウン周辺に自生。草丈は15～30cm程度。砂や粘土の多い土壌に、多肉植物に混ざって自生する。

Lachenalia obscura
オブスクラ
白～淡いブルーの花弁に、黄色、赤紫などのスポットが入るなど個体差、地域差の大きい種。

Lachenalia orchioides var. *orchioides*
オルキオイデス オルキオイデス
クリーム色の花のほかにも青みがかった緑、黄色、赤紫などの花色のバリエーションが豊富な種。

Lachenalia trichophylla
トリコフィラ
砂地の斜面に自生する。葉の大きさは3～4cmで表面には毛が生え、毛が長いタイプと短いタイプがある。

Lachenalia stayneri
スタイネリ
緑がかった花に、紫色のアクセントが入る。ケープ州北西部に分布。草丈は10～12cm。

Lachenalia quadricolor
クアドリコロール
鮮やかな花色のものが多いラケナリアの中でも、派手な花を咲かせる。アロイデスの変種だったが、種に昇格。

Lachenalia pusilla
プシラ
まだら模様の入った葉をロゼット状に広げ、その中心でしべだけになったような花が咲く。花茎は見えない。

Lachenalia zebrina
ゼブリナ
葉がゼブラ模様であることから種小名がつけられている。模様は花茎にも入る。葉の模様が美しいが、栽培は難しく、急に調子を崩すことがある。

Lachenalia viridiflora
ヴィリディフローラ
草丈8～20cmで2枚の葉を出す。秋に咲く翡翠色の花は非常に印象深い。花崗岩などの岩場に生える。

Lachenalia vanzyliae
ヴァンジリアエ
草丈10～25cm。美しい緑色の花を春に咲かせる。かつてはアロイデスの変種とされていたが、現在は単独の種として分類されている。

Lachenalia unicolor
ユニコロール
南アフリカ西部のかたい粘土質土壌に自生する。花色は白みがかった紫色から濃い紫色まで。2枚出る葉には凸凹があり、面白い。

Lapeirousia silenoides

シレノイデス

南アフリカ・ナマクアランド全体でよく見られる。花崗岩が砕けた砂利や砂の土壌、あるいは岩場の隙間に自生する。

Lapeirousia oreogena

オレオゲナ

ビビッドな紫色の花の中心に、白と黒の模様が入る印象的な花を咲かせる。ボッケヴェルド山地の粘土質の斜面などに自生する。

Lapeirousia corymbosa
(Syn. *Codonorhiza corymbosa*)

コリンボサ

花は淡いブルーから濃いブルーのものが多いが、まれに白花もある。花崗岩や砂の多い斜面に自生する。

Massonia マッソニア

Massonia bifolia

ビフォリア

岩の下などの日陰に自生。ホワイトヘアディアからマッソニアに近年統合された。一般的なマッソニアとは咲き方がだいぶ異なる。

Massonia amoena (Joubert's Pass)

アモエナ

東ケープの限定されたエリアに自生する希少種。2014年に論文記載。小石や岩の隙間に葉を広げ、筒状の白い花。以前はジャスミニフローラとして導入された。

Ledebouria レデボウリア

Ledebouria undulata

ウンドゥラータ

南アフリカの西ケープ州からカルーにかけてのエリアの、岩場に自生する。細い葉は緑が波打つ。レデボウリアでは珍しい準冬型種。

Massonia hirsuta

ヒルスタ

ポートエリザベスに近いアドで採取された株由来の個体。以前はエキナータとされていた。王冠のような苞片が特徴的。

Massonia depressa 'Red-chequered'

デプレッサ レッドチェッカード

全体が赤い斑で覆われた個体。デプレッサは葉に模様が入らないものもあるが、地域によって模様の入り方も異なる。

Massonia depressa (Khamieskroon)

デプレッサ

デプレッサの南アフリカ西部カミエスクルーンで採取された個体由来の株。葉に模様は入らないが、全体に赤みを帯びている。

Massonia depressa

デプレッサ

リーフスパンは約30cm。個体によってはまだら模様が入るものもある。花のつけ根にくぼみができて、蜜がたまる。この蜜でネズミの仲間を誘い、受粉が行われるといわれる。

Massonia sp.

マッソニア sp.

30年ほど前からエキナータとして不明種が国内に導入されてきた。近年、研究が進んでおり、今後の分類が興味深いグループ。

Massonia pygmaea

ピグマエア

葉の表面に毛が生えた小型種。9月くらいに冬型の中でいち早く咲く。葉が出るとすぐに開花する。

Massonia longipes

ロンギペス(雷光)

何条もの溝が刻まれ、凸凹がある丸葉は観賞価値が高い。花は花弁が目立たず、しべが大きく突出する。自家受粉するのでよく増える。30年以上前にロンギペスとして国内に導入されたが、国内外でブスツラータとされていた。

Massonia tenella

テネラ

ニーウヴォウトヴル周辺に自生する小型種。繊細な星形の花は非常に魅力的だが、1870年に記載されて以降、長らく忘れ去られていた種。

Massonia sp.Williston

マッソニア sp.

南アフリカ西部内陸部のウィリストン周辺で採取された株由来の個体。非常に細かい突起が葉の全体に広がる。

Massonia wittebergensis (Naude's Nek)

ウィッテベルゲンシス

1833年には既に発見されていたが、2010年に論文記載された。最初に見つかったのは標高2000～2400mのウィッターバーグの斜面だが、その後ほかの高地でも見つかり、この個体もNaude's Nekで見つかった個体由来の株。サニエンシスと並ぶ数少ない夏型のマッソニア。

Micranthus ミクランサス

Micranthus tubulosus

ツブローサス

青から薄紫の花がつく花房が、下から咲き上がっていく。粘土や花崗岩由来の礫が多い土壌で自生。チューブ状の葉の中は空気が入っていて押すと弾力がある。

Moraea fergusoniae
フェルグソニアエ
粘土質の斜面で自生。青い花弁に黒と黄色の蜜標、または白花に黄色の蜜標がある。葉の縁が強く波打つものも。チリアータに似るが株がやや大きい。

Moraea chilliata
チリアータ
草丈最大約10cm。青、黄、白の花を咲かせるタイプがあり、黄色の蜜標にはフサフサとした毛が生える。葉の縁が波打つが個体によってはストレートのものもある。

Moraea serpentina
セルペンティナ
内陸の乾燥地帯、北西ケープ州に自生。石の多い乾燥した平地や、花崗岩の岩場の割れ目などに生える。らせん状の細い葉をもつ。花色は産地により、白、黄、紫。

Moraea serpentina (Umdaus)
セルペンティナ
白弁の花に黄色の蜜標が入るタイプ。多くの多肉植物の自生地として知られるリフタスフェルトの丘、Umdausで採取された株由来の個体。

Moraea galaxia
ガラクシア
草丈5cm程度の小型種。ビビッドな黄色の花を咲かせる。モラエアは大きく5つのグループに分けられるが、かつてガラクシア属に分類されていた。

Moraea tortilis
トルティリス
花色は写真のような青紫のほか、白もある。葉はらせん状に巻く。ナマクアランドの石英が多い土壌に自生。

Moraea herrei
ヘレイ
ほぼ同じ大きさの6枚の紫の花弁をもつ。かつては*Barnardiella*属として分類されていたが、現在はモラエア属に編入された。

Moraea pritzeliana
プリッツェリアナ
雨期に雨がたまるような場所に自生している姿がよく見られた。葉の中央から先端にかけてコイル状に巻く。春に紫色の花を咲かせる。

Ornithogalum hallii

ハリー

南アフリカ南部のクラヴェールを中心に、ごくわずかに自生地が確認される。10cmほど花茎を伸ばし穂状に花を咲かせる。

Ornithogalum corrugata (29 k.w. Ladismith)

コルガータ

球根の生長は遅く2cmほど。成熟すると分球し子株をつける。縮れた葉を伸ばす特異な種。ラディスミスの西に自生が知られる。

Ornithogalum ceresianum

セレシアヌム

種小名の由来となったセレスの町に2カ所、自生地が確認されているのみ。白花の中央は濁った茶色がかった緑。

Ornithogalum adseptentrionesvergentulum

アドセプテントリオネスベルゲンテュラム

グレートカルー砂漠西端のレインズバーグ北部エリアに自生。種小名がとても長いことでも有名。

Ornithogalum sp.

オーニソガルム sp.

ユンキフォリウムの名で流通するが別種。1cmほどの小さな球根が群生する。主に冬に生長するが、夏も葉を落とさない。

Ornithogalum sardienii

サルディエニ

南アフリカ南部のオウツフルン原産。岩や砂利が多い場所に生え、球根は地上部に露出する。

Ornithogalum multifolium

ムルチフォリウム

ナマクアランドから西ケープ州までのエリアに自生。岩のくぼみの土壌などに根を伸ばして育っている。産地により株の大きさが大きく異なる。

Ornithogalum hispidum

ヒスピドゥム

ナマクアランドからウースターまでの粘土質の土壌、石がちな粘土土壌の斜面などに生える。草丈は10～40cm。

Oxalis オキザリス

Oxalis flava (Lavender form)

フラバ ラベンダーフォーム

フラバはナマクアランドから南ケープまでの範囲に分布。これはラベンダー色の花を咲かせる個体。

Oxalis bullulata

ブルラータ

ロゼットの直径3cm、葉の大きさ5mmほどの極小サイズ。多肉質の葉の表面は水泡が集まったようにキラキラしている。

Ornithoglossum オーニソグロッスム

Ornithoglossum viride (Bainskloof)

ヴィリデ

イヌサフラン科。猛毒で食べると死ぬといわれている。緑色の花を下向きに咲かせる。

Oxalis meisneri

メイスネリ

細く枝分かれをした葉をもつ種。写真のような黄色花のほかにラベンダー色の花を咲かせるものもあるといわれているが、見たことがない。

Oxalis massoniana

マッソニアーナ

オレンジ色の花を秋に咲かせる。生長は比較的ゆっくり。密植したり群生させて開花させると鉢いっぱいに花が咲いて見事。

Oxalis luteola 'Splash'

ルテオラ 'スプラッシュ'

西ケープに広く見られる黄花のオキザリスだが、葉に紫のまだら模様が入る特殊なタイプ。秋～冬にかけて咲く。

Oxalis inaequalis

イナエカリス

オレンジ色の中心に黄色い芯が入る花を咲かせる。非常に多くの球根を作る。

Palargonium ペラルゴニウム

Pelargonium auritum

アウリツム

南アフリカ南西ケープに分布。暗紫色に染まる印象的な花を咲かせる。まれにピンクの花もある。

Oxalis pulchella var. tomentosa

プルケラ トメントーサ

ナミビア南部から南西ケープまでの砂地に自生。 マット状葉で大きなサーモン色の花を10～11月に咲かせる。

Oxalis monophylla

モノフィラ

葉が3枚に分かれず1枚になった種。葉の形は写真のような丸葉だけでなく、細葉のタイプもある。花は白か淡い赤紫。

Pelargonium incrassatum

インクラサツム

北西ケープに自生する。鮮やかなピンクの花を咲かせ、「ナマクアランドビューティ」の名前もある。

Pelargonium curviandrum

クルビアンドルム

草丈は10cmほどのコンパクトな株姿。15cmほどの花茎を伸ばし、先端にはクリーム色の花弁に赤紫のスポットが入った印象的な花を咲かせる。

Pelargonium caroli-henrici (Bitterfontein)

カロリヘンリキ

南アフリカ中西部に自生する希少種。葉の表面のガラス繊維のような長い毛は、周辺の白い石英に擬態しているとされる。

Pelargonium oblongatum
オブロンガツム
北ケープ州北部の夏は乾燥と暑さの厳しい地域に自生。黄色の花は4cmほど、大きく見応えがある。

Pelargonium lobatum
ロバツム
西ケープ州の沿岸部に自生。塊根は地中深くもぐるので、やや大きめの鉢がよい。緑がクリーム色の黒花以外にも茶色やクリーム色の花もある。

Pelargonium triste
トリステ
北ケープ州から西ケープ州まで広い範囲に自生。砂地や斜面など水はけがよい場所に生える。塊根を露出させコーデックスプランツとしても人気だが、自生地では塊根部は地中にある。

Pelargonium pulverulentum
プルヴェルレンツム
東ケープ州とクワズールナタール州の固有種。 産地は夏型のエリアだが冬型の栽培でうまく育っている。しかし、今後も検証が必要だと思う。花はクリーム色から赤紫色まで。

Pelargonium rapaceum
ラパセウム
南アフリカ西部から南部、海岸近くまで広く分布する塊茎植物。花の色は主に黄色。ピンク、白もある。種小名はカブに由来するが、見た目はニンジンのようだ。

Strumaria ストルマリア

Strumaria massoniella
マッソニエラ
マッソニアのように、2枚の葉を地面に這わせるタイプのストルマリア。放射状に花弁を広げる白花を咲かせる。

Strumaria chaplinii
カプリニー
西ケープ州原産。日本では秋口に花が咲く。毛が生えた楕円形の葉を地面に張りつくように2枚出す。

Strumaria bidentata
ビデンタタ
ナミビア南部と北ケープ州北部、2カ所しか自生地は見つかっていない。葉は少しべたついていて、現地では砂をまとう。

Strumaria aestivalis
エスティバリス
ローリーズフォンテインの麓の限られたエリアの固有種。先端が尖った白花。葉は毛で覆われる。

Trachyandra sp.
(Khamiesberg,E.Leliefontein)

トラキアンドラ sp.

トラキアンドラの未同定種。帯状の葉が波打つタイプ。北ケープ州レリフォンテイン産。

Trachyandra flexifolia

フレクシフォリア

南アフリカ西部のケープタウン周辺からナミビア国境近くに自生。2～6本の葉を出し表面に毛が生えている。

Syringodea シリンゴデア

Syringodea longituba

ロンギチューバ

シリンゴデアは南アフリカ固有のアヤメ科植物。クロッカスによく似るが、種子のサヤが地中か地表近くにできるのが特徴。砂岩、頁岩の斜面や平地で育つ。

Wurmbea ウルムベア

Wurmbea marginata

マルギナータ

南アフリカの西部の粘土や赤土の土壌に生える。花色は暗紫色であまりよい香りではない。

Trachyandra sp. (Nardowsberg)

トラキアンドラ sp.

縮れた針金のような細い葉をもつ未同定種。6弁で星形の白花を咲かせる。

Wurmbea stricta syn. *Onixotis stricta*

ストリクタ

南アフリカの北西ケープ州に分布。雨期に水がたまるくぼ地で生育する。花は白から淡いピンクで、芯が濃い赤紫色。

Trachyandra tortilis

トルチリス

幅5～7㎜の細葉が波打つ美しい種。葉のうねり具合には個体差がある。砂、砂利、石英の小石などが堆積した、雨期に川底になる場所で多く見られる。弱アルカリ性土壌を好む。

Bulbine ブルビネ

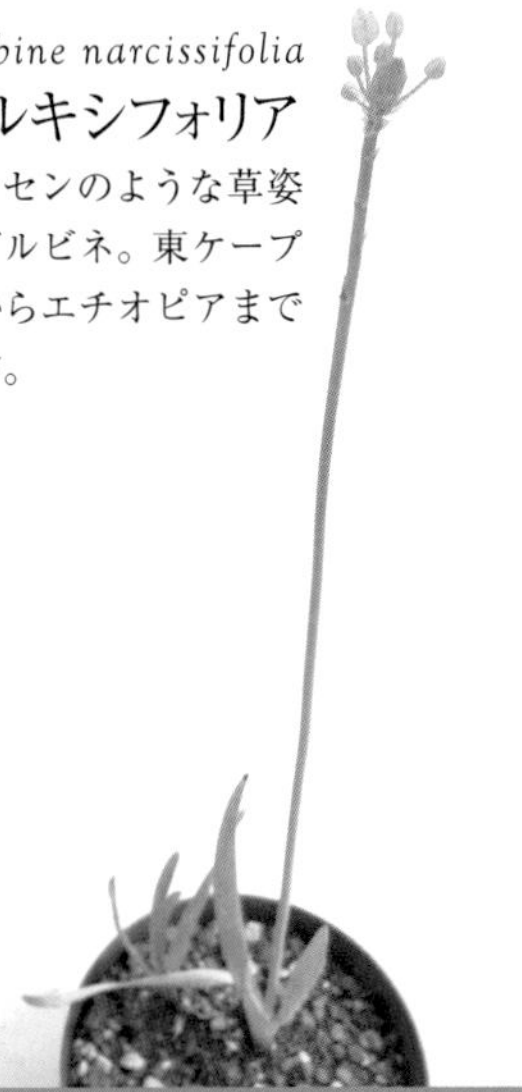

Bulbine narcissifolia
ナルキシフォリア
スイセンのような草姿のブルビネ。東ケープ州からエチオピアまで分布。

Bulbine aloides
アロイデス
アロエに似た株姿で黄色い花を咲かせる。リーフスパンは約25cm。

Ammocharis アンモカリス

Ammocharis tinneana
ティネアナ
サハラ砂漠以南の広い範囲に分布。自生地では雨期に、適度な雨と高温が訪れたときのみ開花する。

Cyrtanthus キルタンサス

Cyrtanthus helictus
ヘリクタス
南アフリカ東ケープ州の乾燥した草地に自生。らせん状の葉を伸ばし、白い花を咲かせる。スミシアエに似るが、草丈6cmほどでより小型。

Dipcadi ディプカディ

Dipcadi ciliare
(N. of King William's Town)
シリアレ
花茎を30cmほど伸ばし、緑～茶色の花を咲かせる。球根はまれにしか分頭せず、実生で増やす。

Cyrtanthus smithiae
スミシアエ
夏型で開花期は6～7月。草丈約10cm。冬と夏に葉を落とし休眠する。休眠したら水をきるか控えめに。

Cyrtanthus obliquus
オブリクス
球根はタマネギ大ほどまで肥大する。草丈最大約50cm。葉がねじれる。東ケープ州からクワズールー・ナタールまで。花は先端が緑色のオレンジ色の花。

Cyrtanthus spiralis
スピラリス
葉幅は最大1cm。草丈20cmほどで、花茎が伸びると30cmほどになる。冬と夏に葉を落とし休眠する。花は筒状の赤花。

Drimiopsis atropurpurea
アトロプルプレア
南アフリカのクワズールナタール州、ハウテン州に分布。

Drimia sp. (Welkom)
ドリミア sp.
幅5～7㎜程度の葉がらせん状に伸びる。ヨハネスブルクの南にあるウェルコムで採取された。他の夏型より2カ月ほど遅れて（5～6月）葉を出す。

Drimiopsis dovidsoniae (IB11059 Strydfontein)
ダビドソニアエ
ドリミオプシスは葉にドット模様が入るか、さもなくば無地というものが多いが、これは葉に筋が入る種。葉は長さ3cmほどで裏が紫色をしている。プレトリア郊外のストライドフォンテン産。葉裏や花茎が赤く、花はピンク。

Drimiopsis burkei
ブルケイ
南アフリカ北東部からジンバブエにかけて分布。縁が縮れた葉の表面に模様が入るものもある。

Drimiopsis atf. *atropurpurea*
(Near Hortboschdorp)
ドリミオプシス aff. アトロプルプレア
葉にドットがあり、縁が波打つ。ドリミオプシスの中でもトップクラスの美しい葉。ドリミオプシスは、ドリミアと違い花弁が開かない咲き方。

Drimiopsis sp. *nova* (Kampersrus)
ドリミオプシス sp.
葉の長さは約4cm。葉の表に筋が入るが、裏は緑。南アフリカ北東部、カンペールスラス産。

Drimiopsis nova sp. (De Hoop Dam)
ドリミオプシス sp.
葉が内巻きになり、模様も濃い個体。採取地であるデフープダムは南アフリカ、リンポポ州のスティールポールト川に造られたダムの名前。

Drimiopsis maculata (Oslo Beach)
マクラータ
ドリミオプシスで最もよく知られたポピュラーな種で、分球してよく増える強健種。種小名のマクラータ（maculata）は「斑点」を意味し、その名の通り葉に茶色いスポットが入る。

Drimiopsis dolomiticus
(Abel Erasmus Pass, Limipopo Prov.)
ドロミティクス
石灰質の土壌に生えるタイプのドリミオプシス。2枚から最大5枚葉が出る大型種。写真は南アフリカのリンポポ州アベルエラスムス産。

Eucomis ユーコミス

Eucomis schiffii
シフィー
パウダーブルーで幅広の葉のコンパクトな株姿が魅力的だが、流通量が少ない。高山に生えるので夏の猛暑日などに急に調子を崩すことがあり、花も咲きにくい。

Eucomis humilis
フミリス
南アフリカのクワズールナタール州とレソトの、標高2000mを超える高山に自生する。

Hypoxis ヒポクシス

Hypoxis hemerocallidea
ヘメロカリデア
南アフリカのほか、ボツワナ、レソトなどにも自生する。草丈は30cm程度だが、リーフスパンが60cmほどと、ボリュームある株に育つ。

Haemanthus ハエマンサス

Haemanthus humilis ssp.Hirsutus hirsutus
フミリス ヒルスタス
東トランスバール、スワジランド、レソト、ナタールに広範囲に分布。葉が多毛で初夏に雄しべが長い白花。栽培しやすい。

Eucomis vandermerwei
ヴァンダーメルウェイ
ムプマランガ州の標高2000mを超える高地の水はけのよい斜面に自生する。暑さ、寒さに強くインパクトのある花を咲かせる。

Ladebouria レデボウリア

Ledebouria concolor (Kingsley)
コンコロール
南東ケープ州原産の大型種。以前はシラー・コンコロール、ドリミオプシス・クーペリなどとしても分類されていた種。

Ledebouria atrobrunnea
アトロブルネア
プレトリア北西部一帯に自生。上に向かって伸びる細長い葉をもち、球根は卵状の縦長。

Ledebouria asperifolia
アスペリフォリア
南アフリカ東部に広く分布し、草原、サバンナ、岩場の隙間など多様な場所で自生する。

Ledebouria crispa

クリスパ

リンポポ州の限られたエリアのみに自生。直径5cmほどの小型種。子株をよく吹いて増えやすく、そのまま育てると群生する。

Ledebouria cremnophylla

クレムノフィラ

南アフリカ東部、バーバートン地域の山地にのみ自生。岩場や崖の隙間で育つ。

Ledebouria confusa

コンフューサ

青白い粉を吹いたような風合いの、肉厚の葉が美しい種。南アフリカ北東部の少ない土に根を伸ばし、球根を地上部に露出しながら生きている。

Ledebouria ovatifolia ssp. scabrida

オバティフォリア スカブリダ

クワズール・ナタール州に少数のコロニーが存在するのみ。2007年に記載された。リーフスパン15cmほど。栽培は容易だが分球しない。

Ledebouria leptophylla

レプトフィラ

南アフリカ東部からジンバブエに分布。細い、針状の葉をもち、スクリュー状にねじれる。

Ledebouria galpinii

ガルピニー

ムプマランガ州の高山の限定的エリアに自生。表面が凸凹し、つやのある葉をもつ小型種。乾かし気味に栽培すると調子がよい。

Ledebouria mokobranensis

モコブラネンシス

標高2000mを超える3カ所の産地でしか発見されていない希少種。2008年に論文記載された比較的新しい種。山火事によくあう草地の環境に適応した生態をもつと見られる。やや酸性寄りの土壌を好む。

Ledebouria marginata

マルギナータ

マルギナータは葉に縁に模様が入ることからの種小名。葉の全面がスポット模様で覆われたものもあり、葉の模様に個体差が大きい。

Ledebouria rupestris (Macmac Falls)
ルペストリス
南アフリカの北東部のマックマックでの自生しか知られていない希少種。岩の隙間や岩盤に堆積した、わずかな土壌に根を張って自生している。

Ledebouria revoluta
レヴォルタ
アフリカ南西部からインドに分布。葉にドットの模様が入り、花には白地に淡いピンクのストライプが入る。現地では民間療法の薬草としても用いられる。

Ledebouria sp.
レデボウリア sp.
花茎から花柄、花弁まで紫色を帯びた未同定種。細くやや肉厚の葉の裏も紫色がかる。

Ledobouria socialis 'Miner'
ソシアリス 'マイナー'
ソシアリスは東ケープ州に自生する小型種。マイナーはより小型の選抜品種。葉にはメタリックな輝きがある。

Ledebouria sp. (Wolkberg)
レデボウリア sp. ウォルクバーグ
リンポポ州ウォルクバーグで発見された未同定種。細長い葉に、薄いドット模様が入る。サンダーソニーではないかと見られる。

Ledebouria sp.
レデボウリア sp.
やや丸みを帯びた葉に、薄いドット模様模様が入る未同定種。採取地の情報は不明。

Ledebouria socialis 'Juda'
ソシアリス 'ユダ'
ソシアリス ビオラセアの覆輪の斑が入った選抜品種。小型で群生しやすい。球根は土に埋まっても育つが、育てるうちに土から出てくる。栽培容易。

Resnova レスノヴァ

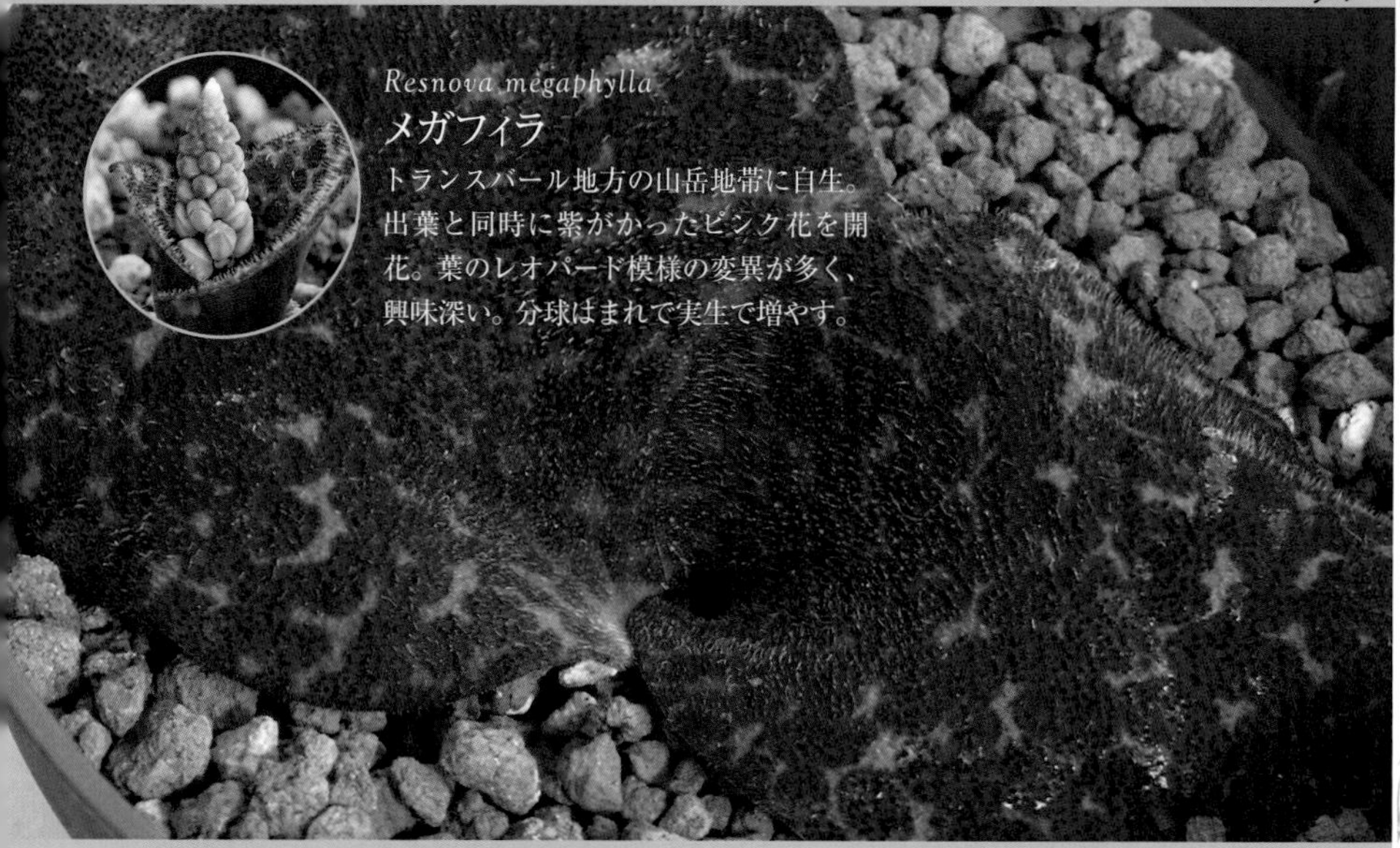

Resnova megaphylla

メガフィラ

トランスバール地方の山岳地帯に自生。出葉と同時に紫がかったピンク花を開花。葉のレオパード模様の変異が多く、興味深い。分球はまれで実生で増やす。

Pelargonium ペラルゴニウム

Pelargonium bowkeri

ボウケリ

南アフリカ南東部の夏に雨が降る地域に広く分布する塊根植物。春に咲く3cmほどの花は花弁に深い切れ込みがあり、一見の価値あり。

Resnova pilosa

ピローサ

南アフリカ北東部、ムプマランガ州からクワズールナタール州に分布。レスノヴァ属をレデボウリア属に分類する説もある。

Resnova megaphylla (Burgersfort)

メガフィラ

バーガースフォールトのドワーズ川北西部に自生する個体群。種子がつきにくく、なかなか増やせない。

Scilla シラー

Scilla kraussii

クラウシー

クワズールナタール州中部に自生する。小型で丈夫な球根。植物体全体が赤紫色を帯び、花がない時期でも観賞価値が高い。花は星形の紫色で美しい。

Schizobasis シゾバシス

Schizobasis intricata

イントリカータ

アフリカ大陸南部に広く分布。ドリミア・イントリカータのシノニム。つるのように見える部分は花茎で光合成を行う。球根は埋めたほうが生長が早い。

Resnova pilosa 'Spotted'

ピローサ 'スポッテッド'

株の直径は10cmほど。メガフィラよりコンパクト。葉に模様がないものが通常だが、このスポットが入る個体は観賞価値が高い。

栽培管理の基本

球根植物なので、地上部に葉がある生育期とそれが枯れる休眠期がはっきりしているものが多い。 自生地である南アフリカ共和国の南西部（旧ケープ州周辺）では、南西部の5～9月の雨期（南半球では冬季）に生長する種類を「冬型」。 東部では、11～3月（南半球では夏季）にも降雨が多く夏に生長する「夏型」の品種に分けることができる。

1 置き場所

冬型は夏が終わり気温が下がってくると休眠から目覚める。葉の生長が始まると、しっかり直射日光が当たる場所で管理する。

日光だけでなく、しっかり「風の流れる場所」でないと形が間延びすることもある。 気温が下がってきたら、日中は屋外に置き、霜が当たるようなら室内に取り込む。霜に当たったり、水分を含んだ用土が凍ると株が傷むので注意。

夏型は、春秋には直射日光の当たる場所で。真夏には軒下などの半日陰の場所か、30%くらいの遮光をするとよい。気温が下がり地上部が枯れたら、5度以下にならない場所で管理する。

2 水やり

球根は少し深めの鉢を使い、根の位置は深い場所にあるので、鉢底から水が出るまでしっかり与える。鉢内にしっかり水を行き渡らせ、鉢内の水と空気がすべて入れかわるくらいのイメージ。生育期には、表面の土の色を基準に水やりをする。用土の赤玉土は、乾くと浅い色になるので判別しやすいが、市販培養土でも表面の乾き具合をチェックしよう。水やりから表土が乾く日数の2倍の日にちで、地中には少し湿り気が残っている間隔がよい。

3 夏越し、冬越し

地上部の葉が黄色くなって枯れ始めたら休眠の合図。

冬型の休眠期は、雨が当たらない涼しい日陰で管理。盛夏の直射日光は避け、風通しのよい日陰が理想的。休眠は、3～5月に暑いと早く休眠する。休眠前に涼しい場所に移すと休眠期を短くできる。休眠明けまでの期間が短いほうが、休眠中のトラブルを軽減することにもなる。休眠中は基本的に「断水」するが、過度の乾燥を避けるために月に1回程度の水やりが必要な種もある。

夏型の休眠期は霜に当てないよう、5度以下にならない室内などに取り込んで管理するほうがよい。3月下旬からは屋外でも管理できるが、夜間の低温、遅霜には注意する こと。休眠中は基本的に「断水」するが、暖房などで室内の温度が高い場合は、月に1回程度の水やりを行う。

ケープバルブ栽培カレンダー

冬型

	1	2	3	4	5	6	7	8	9	10	11	12	(月)
生長サイクル		球根充実期				休眠				生育			
置き場				遮光	涼しい場所で管理				日当たりのよい場所で管理				
水やり					断水 or 月に1回程度の水やり			水やり開始		用土が乾いてから適度に			
肥料							元肥を施肥	月に1～2回程度、微量元素の含まれた液肥などを施肥					
作業								植えかえ、タネまきなど			病害虫予防、発生時は薬剤散布		

夏型

	1	2	3	4	5	6	7	8	9	10	11	12	(月)
生長サイクル						生育			球根充実期		休眠		
置き場						日当たりのよい場所で管理							
水やり	断水 or 月に1回程度の水やり		水やり開始			用土が完全に乾いてからたっぷり							
肥料			元肥を施肥			月に1～2回程度、微量元素の含まれた液肥などを施肥							
作業			植えかえ、タネまきなど			病害虫予防、発生時は薬剤散布							

5 おすすめ用土・鉢

球根類は、根が深い位置から出るものが多いので、鉢も深めのものを使う。 用土は、球根のサイズや、根の太さに合わせて、小型の球根や根が細いものは「小粒」のものにする。ブーフォンなどの大型の球根で根もしっかり太 いものは、「大粒、中粒」でもよい。
最も手軽な培養土は、市販の「多肉植物の土＋硬質赤玉土小粒」を同量で合わせたもの。市販の培養土には、少量の肥料分が含まれていることが多いので商品内容を確認。肥料分がないようなら、緩効性の化成肥料をごくわずかに加える。

4 植えかえ

植えかえは生長期直前、球根から新芽が見える前に終えるのがよい。冬型は８～10月がよいが、12月くらいでも可能。夏型は３～４月がよいが、６月くらいでも可能。葉や根が伸びてから の植えかえは、根を乾かすことなく速やかに行い、植えかえ後は、し っかり水やりをする。早く球根を育てたいなら、毎年植えかえたほうがよいが、２～３年ごとでも問題はない。

植えつける球根の深さは種によってさまざまだが、基本的には球根の先が土に隠れるくらいにする。多くの種は牽引根を出し、適した深さにもぐっていく。ブーフォンやレデボウリア・ソシアリスなど、通常から球根が露出しているものは、下半分を土に植えるようにする。

1
球根を植えつけるときには、根の生育空間を確保するために、やや深めの鉢を使うとよい。球根そのものが地上に出ないようにする。
しっかり根が広がるようサイズに余裕をもって選ぶとよい。

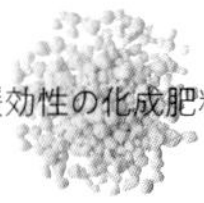
緩効性の化成肥料

2
鉢底穴にネットを敷くか、軽石かゴロ土を入れる。その上に培養土を入れて球根を置く。底のほうに緩効性の化成肥料を入れるのもよい。

3
球根の上に土をかぶせ、鉢底からしっかり流れ出るまで水やりをする。

Othonna

オトンナ
南アフリカ

茂木康一

解説・写真｜commentary・photo = Koichi Mogi
協力｜Kazuhiro Kokubo

個性豊かな種の多様化を愉しむ

キク科の常緑多年草の植物で、南アフリカには１４０種ほどが知られている。湿度の高い東部に生息する種類もあるが、多肉植物のコレクターに人気の種は、西ケープ州、北ケープ州とナミビア南部の極乾燥地帯に自生する。その地域の夏は過酷で、50度近くにもなるため株は休眠、落葉するものも多い。

一部夏型もあるが、夏が過ぎて気温が下がると数ミリの降雨と朝霧によって株は再び生長する。キク科らしい黄色く小さな花をつける。茎を大きくする塊茎、多肉質の両面葉など多様性が見られる。

国内で栽培する場合は、休眠期が明けて生長が始まる時期に、急激に水やりをすると、蒸れて根を腐らせることがあるので気をつけたい。

Othonna cremnophilla

クレムノフィラ

北ケープ州にある標高 500 ～ 1000m の台形状の高地で、大西洋からの雲がかかり、冬季には雨量もある岩場に自生。象牙色の滑らかな茎を伸ばし、波打つ若葉には綿毛が密生している中型品種。2005 年に記載された、比較的新しい種だが、自生地では過放牧と盗掘によって激減している。

Othonna herrei

ヘレー（蛮奇塔）

南アフリカ北部、極乾燥地であるリフタスフェルト山脈の南東部丘陵地に自生。種小名はドイツ人の多肉植物学者ハンス・ヘレー氏に由来する。ゴツゴツと不規則で甲殻類のようなコブ状の赤い幹が特徴。「蛮奇塔」という和名をもつ中型種。自生種は激減し、絶滅が危惧されている。

Othonna sonchifolia

ソンキフォリア（如意塔）

西ケープ州の丘陵地に自生するが、同名で違う形態のものも報告されていて詳細は不明。写真は、輸入種子からの10年目の実生株。

Othonna euphorbioides

ユーフォルビオイデス（黒鬼城）

euphorbioides は「ユーフォルビアに似た」という意味をもち、30㎝ほどの太い塊茎になる中型の種。主幹から細かな枝を出し小さな葉を多くつける。黄色い小花を咲かせるが、その花硬が刺のように残るために、「黒鬼城」という和名もある。盆栽としても寂びの美しさをもつ。

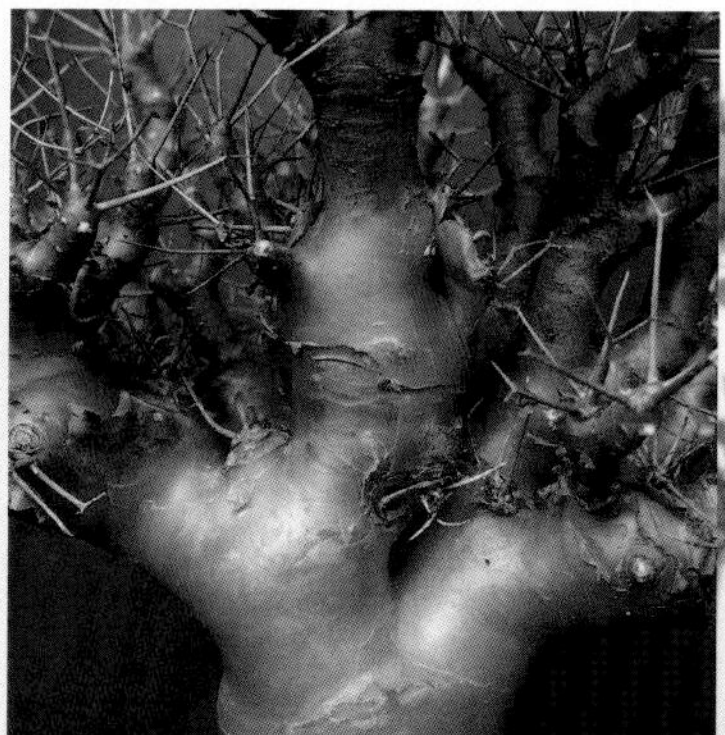

和名のような黒ずんだ表皮をあえてむくと、なまめかしい魅力が現れる。

Othonna armiana

アルミアナ

北ケープ州の山岳地帯、隆起した花崗岩の割れ目やくぼ地にできた土壌に自生する小型種。フランス人植物学者アンソニー・R・ミッシェル氏（Dr.Anthony R.Mitchell）の頭文字から命名されている。自生地では、生長点のイボイボだけが地上にあり、茎は地中にあって灼熱を避けている。写真は 25 年前に輸入できた現地株が生長したもの。その株元の表情には、今も原野の風格が見える。

輸入株

Othonna triplinervia × armiana

トリプリネルビア×アルミアナ

Othonna armiana × cremnophila

アルミアナ×クレムノフィラ

種子親の特徴がよく出た株。メンデルと個体差と環境によるもの。ここが不思議議で面白い。

実生株

実生株

実生株も締めて育てると現地球のように育つ。生長点をつぶしながら非常にゆっくりと。

実生株

実生株

輸入株から種子をとり 20 年以上の実生株。大きくするために多水多肥で育ててきたが、生長点がつぶれず密生感が若干少ない。

Othonna triplinervia

トリプリネルビア

東ケープ州の中部は北ケープ州よりも降水量があり、春秋には平地の緑が潤う。標高 800m までの崖の斜面などに自生する。株元が塊根状に生長し、多肉質の枝は 1 ～ 2m ほどにもなる大型種。
写真は幹幅 10cmほどの実生株。この種は強剪定に耐え、治癒力も高いので造形的にも楽しめる。

Othonna clavifolia

クラビフォリア

塊茎に多肉質の丸い葉をつける小型種。ナミブ砂漠の南、オレンジ川からナマクアランドに自生する。夏季に雨はなく 50 度近い気温だが、冬季には川からの霧をまとうことができる。

生長が極めて遅い。

Othonna hederifolia

ヘデリフォリア

地中に塊根を作る小型種。浅鉢だとイモが丸くなりやすく、深鉢だと旺盛に育ち調子がよいが、ゴボウ根になりやすい。

Othonna bulbosa

ブルボーサ

地中に塊茎をもち、多肉質の葉にはやわらかな毛が密生する小型種。休眠明けの萌芽は特に美しい。水やりのときには、葉を濡らさないよう注意。20 年ほど前に実生から育てたものが、直径 5 ～ 6cmまで育った。

Othonna arbuscula

アルブクスラ

arbusculsは、ラテン語で「小木状」の意味。小さな樹木のような枝ぶりを見せてくれる。

Othonna furcata

フルカタ

南アフリカ北部からナミブ砂漠にかけて自生する。砂漠に隆起した岩場にある、割れ目にたまるわずかな土壌に根を張る。枝が樹木のように分岐するが、象牙色の肌はふくよかな多肉質を感じさせる。
国内栽培だと、現地球の美しい容姿を長期にわたって維持するのは困難。特に休眠明けに日差しを気にして遮光するとすぐに徒長する。

Othonna lepidocaulis

レピドカウリス

南アフリカ北部の乾燥地帯で、石英の混じる丘陵に自生する小型種。判明している自生地は5カ所ほどだといわれている。種小名は、その姿の通り、lepido（鱗）+ caulis（茎）からなる造語。鱗の表情は個体差があり、模様の出方はさまざま。

Othonna tuberosa

ツベローサ

地中に塊根を作る小型種。発達した根とロゼット状の葉との対比が面白いが、伸び続ける下葉の処理が悩みどころ。

Othonna retororsa

レトロルサ

乾燥した自生地では、枯れ葉の塊のようになって直径1mほどにも生長する。

Othonna retrofracta

レトロフラクタ

南アフリカの西ケープ州、雨量は少ないが雲がかかり霧も多い、200 ～ 800mほどの標高地に自生。塊茎からは、折れ曲がった奇異な枝を伸ばす。多肉質で薄緑葉をつける小型種。

栽培管理の基本

夏に休眠する冬型種が主体。常緑の多年草とされているが、夏の休眠期に落葉する場合が多い。自生地である南アフリカ西部では、雨期（5～9月）に降雨が多いため、主に「冬型」の栽培をする。

1 置き場所

冬型は夏が終わり気温が下がってくると休眠から目覚める。葉の生長が始まると、しっかり直射日光が当たる場所で管理。霜が当たる と葉が傷むので注意。 秋～春まで直射日光がしっかり当たる場所で。真夏には軒下などの半日 陰の場所か、30% くらいの遮光をする。

2 水やり

オトンナは水を好むので、生長期には、鉢底から水が出るまでしっかり与える。夏の休眠期にも完全断水せず、10 日ほどの間隔で水やり、鉢内の熱をしっかり流す。根が下に伸びやすいので少し深めの鉢を使う。

3 夏越し、冬越し

葉が黄色くなって落葉したら休眠の合図。 冬型の休眠中は、雨が当たらない明るい日陰で管理。盛夏の直射日光は避け、風通しのよい場所が理想的。

冬季は屋外でも管理できるが、霜に当たると葉が傷む。－５度くらいまでは耐寒性があるが、鉢が凍ったりすると根が傷み、春に株が腐る原因になるので要注意。

4 植えつけ、植えかえ

冬型は、夏の終わりごろから植えつけできる。植えかえも、同じ時期だが新芽が動く前に終えるのがよい。

オトンナ栽培カレンダー

	1	2	3	4	5	6	7	8	9	10	11	12	(月)
生長サイクル		生育緩慢				休眠		開花		生育			
置き場				遮光	涼しい場所で管理					日当たりのよい場所で管理			
水やり					霧吹き程度の水やり			水やり開始		用土が乾いてから適度に			
肥料							元肥を施肥	月に１～２回程度、微量元素の含まれた液肥などを施肥					
作業								タネまきなど					

茂木康一 もぎ こういち

金属アーティスト
1973 年高崎市生まれ。

独学でつくり出す独創的な作風の金属作品は、各所で高い評価を受け、数多くのモニュメントなども手がけるほか、インテリアやエクステリアも制作する。

作品は、パリ、ルーブルをはじめ、ニューヨーク、ロンドン、カールスルーエ、ソウル、東京都美術館など国内外の美術館、ギャラリー、アートフェアに出品。たけしの誰でもピカソメダリスト。芸術文化賞、デザイン賞、アートコンペ大賞受賞。

幼少期から始めた植物栽培は、自身の立体作品の造形とリンクするように、奇異な塊根植物や多肉植物類を育てることとなる。
20 年以上前より、欧州、アフリカから種子や株を輸入し、試行錯誤を繰り返しながら、独自の栽培管理法を確立している。
オトンナなど多肉植物の実生苗などを扱っている。
ご希望の方は、下記よりお問い合わせを。
GRA 王国（金属彫刻）、Gra plants（多肉植物）
@grakokuou（個人）、@gra.oukoku（GRA 王国）、@sculplants（多肉植物）
HP：GRAOUKOKU https://gra.amebaownd.com

宝石になった植物

conocono 文・写真|text・photo＝conocono

conocono

中学生のときにNHK趣味の園芸でコノフィツムに一目惚れ。以来四十数年の付き合い。千葉大学園芸学部卒業、同大学院薬学研究院博士課程修了。某大学薬学部教員。専門は植物育種学、バイオテクノロジー、薬用植物学。

コノフィツムは、主に南アフリカの南西部、ナマクアランドを中心とする地域に自生するハマミズナ科の高度多肉植物で、短い茎の上に球状に肥大した葉をちょこんとのせた姿形が特徴だ。属名である*Conophytum*は、ギリシャ語のConos（円錐）とPhyto（植物）を組み合わせた造語であり、コノフィツム属の球体の多くが円錐形であることを表している。同様の形態をもつ近縁植物にリトープス、ギバエウム、アルギロデルマなどがあり、これらを園芸分野では「玉型メセン」と総称することも多い。この仲間が、かつてメセンブリアンテマ科（*Mesembryanthemaceae*）とされていた名残だ。

玉型メセンの不思議な球体は、植物解剖学的には一対の葉が融合・肥大したものと解される。つまり、たった1粒の球体が、光合成器官であるとともに内部の柔組織に水を蓄えた貯水器官を兼ねているわけだ。自生地の中心であるナマクアランドの年間降水量は100～200㎜であり、特に乾期である夏は2～3カ月間一滴の雨も降らない。球体は、このような厳しい自然環境を生き抜くためにハマミズナ科植物が出した究極の答えなのだ。その単純明快でシンプルな形に生き残るための工夫が詰め込まれている。外敵から身を守るために小石に擬態するものもあるし、石英の砂礫に埋もれて身を隠し、地表に出した「窓」から光を取り入れるものもある。またある種は全身にまとった産毛を使って朝露を集める。そのようにして生きるコノフィツム属植物は、クラッスラやパキポディウム、ハオルチアといった園芸家にはおなじみの多肉植物とともに、南アフリカの西海岸沿いから南部にかけてベルト状に広がるサキュレントカルーと呼ばれるバイオーム（生物群系）の主要なメンバーとなっている。

コノフィツムはまた「脱皮する植物」としても有名だ。球体は乾期が近づくにつれて徐々にその水分を内部に育つ新球（新しい葉）に移動させる。そして、乾期に入るころには茶色い薄皮状となって強い日射や極度の乾燥から休眠中の新球を保護する役割を引き受ける。数カ月が過ぎ、わずかばかりの雨が乾期の終わりを告げると、内部の新球は貪欲にその水分を吸収し、保護していた薄皮を破りながら大きく膨らむ。これが脱皮と呼ばれる現象だ。コンディションがよければ、球体は2～3倍に増えている。すっかり枯れ果てたような姿であったものが、1週間ほどでみずみずしい緑色に復活するさまは神秘的ですらある。そして、多くの種は生長期の初めに花を咲かせる。開花時間によって昼咲き種と夜咲き種に大別され、昼咲き種の花色は、白、黄、紫、ピンク、橙など多彩だ。一方の夜咲き種の多くは、白やクリーム色などの地味ではあるが強い香りを放つ花で花粉を媒介する昆虫を誘う。このように、過酷な自然環境によって磨き上げられた造形や生態をもつコノフィツムは、まさに「生きる宝石」、「リビングジュエル」だ。

かつて日本の多肉植物愛好家に愛されたコノフィツムが、半世紀を経た今、誰も想像もしなかったような姿形の新種も多数加わって世界中の多肉植物愛好家を熱中させている。人気の品種は非常に高価で入手難の状況ではあるが、機会があればぜひ手に入れて「生きる宝石」の美しさ・面白さを堪能していただきたい。そして、本記事がコノフィツムの多様な魅力を味わう手引きになれば幸いだ。

ブルゲリ *Conophytum burgeri*

自生地では周年白い薄皮をかぶって石英の礫に紛れているため、開花期以外に見つけるのは難しい。その透明感あふれる姿は翡翠のようで、知名度も人気もナンバーワン。

ステファニー *Conophytum stephanii*

特に産毛が長く発達し、ふんわりやわらかな印象が人気の原種。

オブコルデルム *Conophytum obcordellum*

表皮に緑や黒の斑点をちりばめ、個体によってさまざまな模様を描く。中でも斑点がくっきりとして側面が赤く染まる個体は非常に美しく人気が高い。

カルクルス *Conophytum calculus*

真ん丸の球体はシンプルの極致。休眠期には灰白色の殻をかぶるため、周囲に散らばる石英の礫と見分けるのが難しい。夜咲きの花は香りがよい。

デプレッサム 亜種 ペルデュランス *Conophytum depressum* ssp. *perdurans*

表皮にまとった産毛には霧を結露させて水分を集める機能があるとされる。ピンクを帯びたビロード肌が魅力的だが、生産量は極めて少なく激レア種となっている。

マウガニー 亜種 ラツム *Conophytum maughanii* ssp. *latum*

自生地では球体の大半が地中に埋まり、頂部の透明部分（窓）だけを地表に出している。個体や系統によっては、冬になるとルビーのように真っ赤に色づく。

Rラツム *Conophytum ratum*

マウガニー同様、球体のほとんどを地中に埋めて、窓から取り入れた光を使って光合成している。強めの日照を浴びてほんのりピンクに染まった姿は格別。

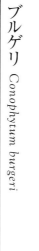

コノフィツムはどんな植物？

コノフィツムは、球体全体が緑色のもの（本書では緑色球体類と呼ぶ）と、球体上部に透明な窓がある有窓類に大別される。

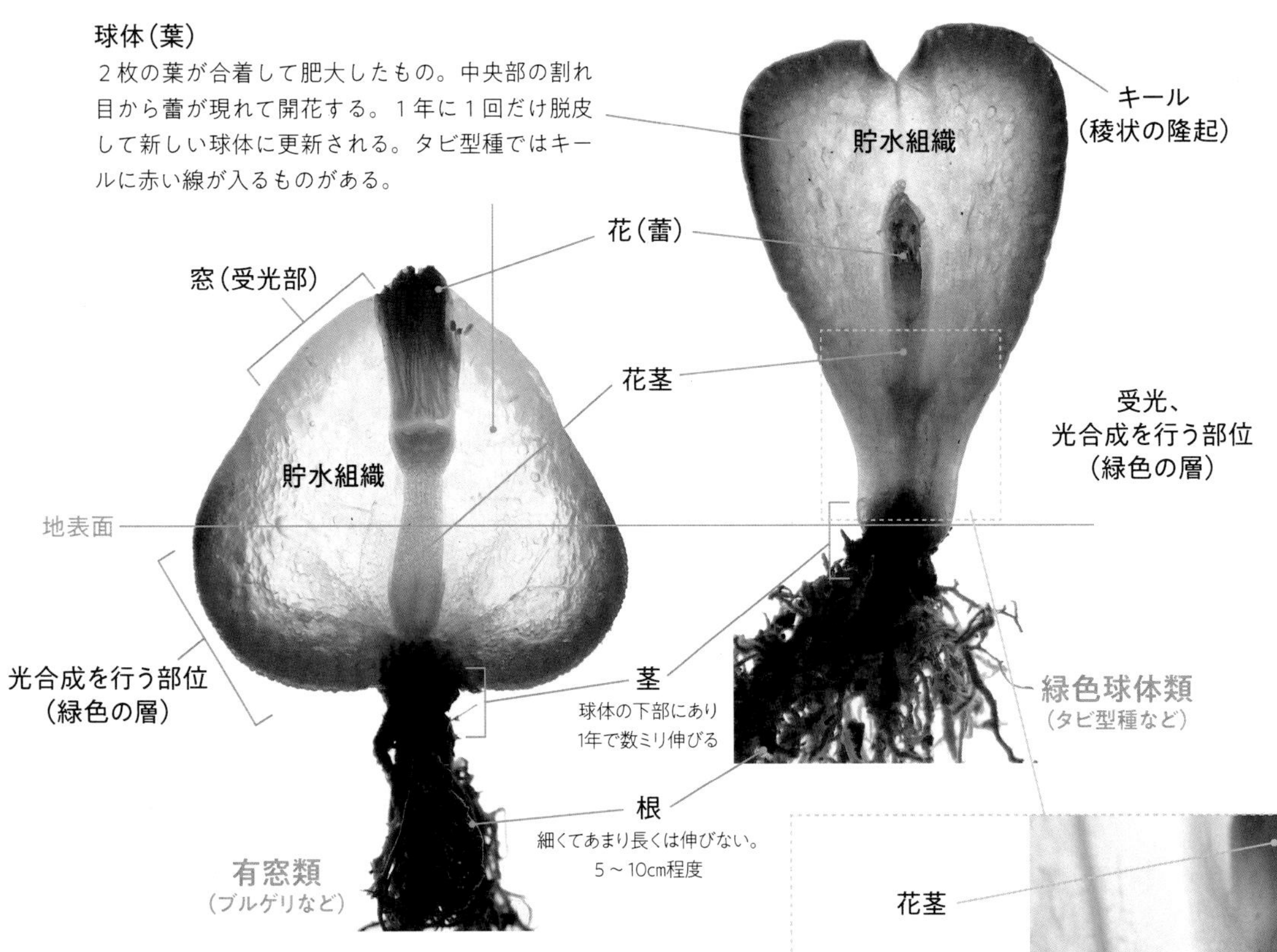

※写真は球体の内部構造をわかりやすくするために縦方向に薄切りにしてある。

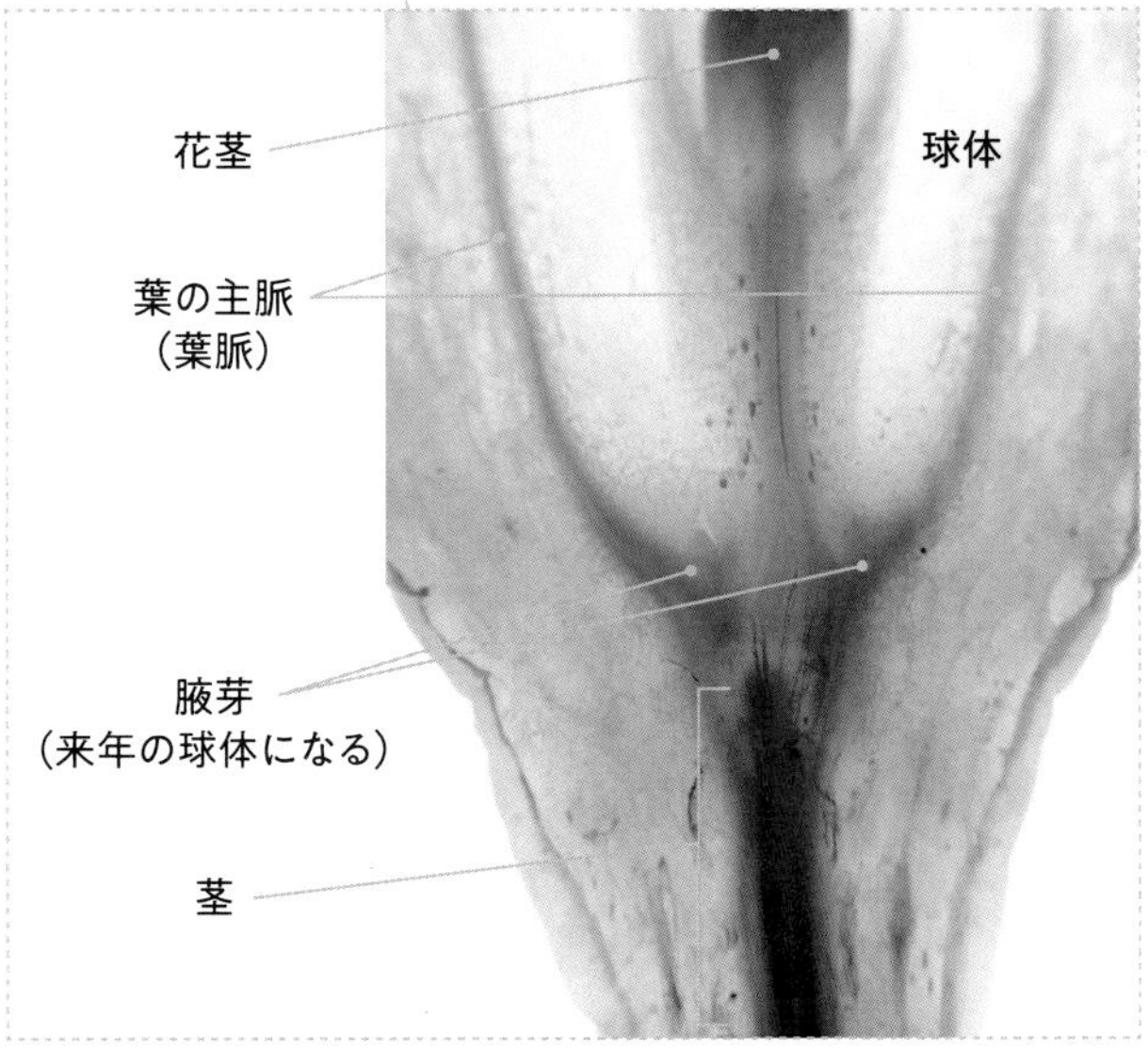

ブルゲリの内部構造

窓から取り入れた光は、貯水組織の透明な細胞の乱反射により分散され、エネルギーが弱められてから球体下部の葉緑体を含む組織に到達して光合成に利用される。自生地では球体下部は石英の砂礫に埋まっており、窓も薄皮状になった古い葉が幾重にも重なって遮光されている。これらは、強い日射から光合成組織を守る仕組みと考えられている。逆に言えば、それだけ強い日射にさらさないと十分な光エネルギーが得られないわけだ。

四季の変化

休眠中

6月ごろ、古い球体が乾燥した薄皮（殻）状になり、強い日射と乾燥から内部の新しい球体を守る。

休眠明け

9月ごろ、涼風が吹くと薄皮を破って中から新球が顔を出す。徐々に灌水量を増やす。

生長期

10月、水分を貪欲に吸って新球が大きく膨らむ。

開花

9~12月が多くの種の開花時期。昼咲き種と夜咲き種がある。

紅葉と新球形成

12～4月、球体内部で新球が生長する。種によっては球体が赤く色づく。

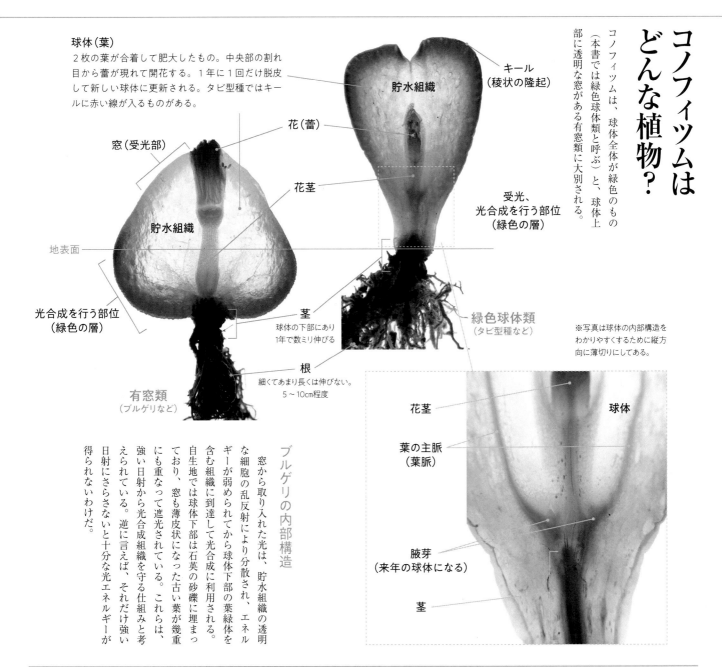

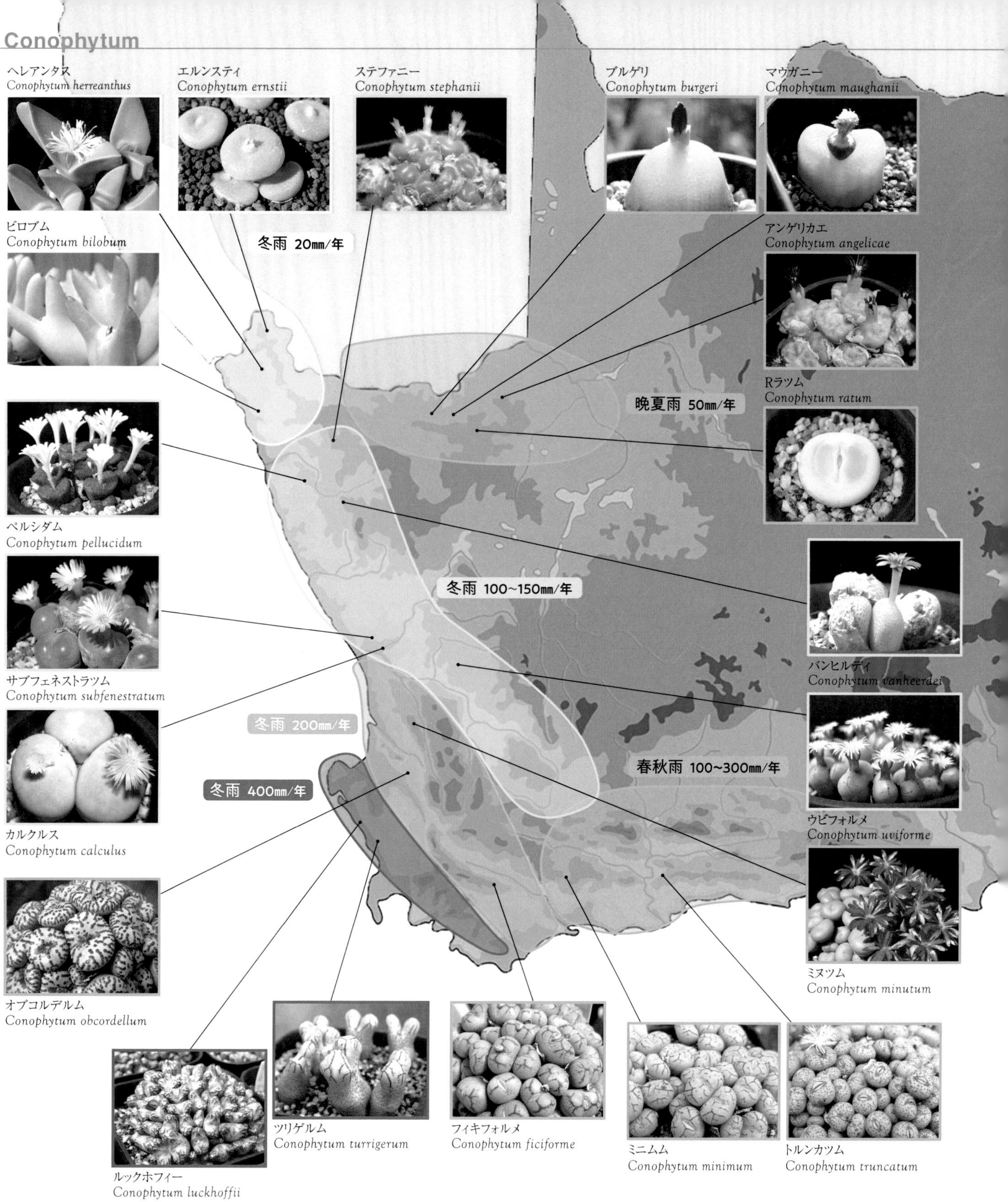

コノフィツム自生地の分布と年間降水量

写真は、その種の代表的なものを示し、矢印が示すスポットに写真で示すタイプが自生するのではない。

冬雨地帯はサキュレントカルーと呼ばれる。北部に行くほど降水量が少なくなることに注目して栽培管理の参考にしてほしい。

原種

コノフィツム属の創設と分類の変遷

コノフィツム属という分類群は、イギリスはキューガーデンの植物分類学者であるブラウン（N. E. Brown）氏によって1922年に創設され、1990年代に整理再編されるまでは、亜種、変種を含めて約700種が記載されていた。コノフィツム属の創設以前は、近縁のリトープス属などとともにメセンブリアンテマ科（*Mesembryanthemaceae*）のメセンブリアンテマム属（*Mesembryanthemum*）に分類されていたのだ。今でもコノフィツムやリトープスの仲間を指して「メセン類」と呼ぶのは、初めてこの植物が日本に導入された当時の科名に由来している。また、メセンを当て字で「女仙」と記すこともあり、これは女性のようなやわらかな印象のある仙人掌（サボテン）という意味だ。もちろんメセン類はサボテンとは縁の遠い植物ではあるのだが、当時は多肉植物全般をサボテンと呼んでいたのだろう。

日本に初めてコノフィツムが輸入されたのは大正末期から昭和初期にかけての1920年代のことで、1931年の業者のカタログや同好会誌では既に「コノフィツム」の名称が登場している。ブラウン氏がコノフィツム属を創設してから10年もたたないうちに、日本の趣味家の間に知れ渡ったことがわかる。

30年ほど前までは約700種あるとされたコノフィツム属だが、実際には互いによく似て見分けのつかない種が多かった。そこで、アメリカの在野の研究者であるスティーブン・ハマー（Steven Hammer）氏が精力的なフィールドワークや文献調査によって多くの種をシノニム（異名同種）としてまとめた。その結果は1993年出版の著書The Genus Conophytum: A Conograph, Umdaus Press, South Africa、および2002年出版の著書 New Views of the Genus Conophytum "Dumplingand his Wife", EAE Creative Colour, Norfolk, UKとして発表され、亜種と変種を含めて約170種となった。その後も数年に1種程度の割合で新種が発表されている。

基本情報

ここでは、ハマー氏が2002年に出版した著書に記載されている学名および分類を基準として、代表的な原種を16のセクション（節）に分けて紹介する。ただし、植物分類学は流動的なものであり、複数の見方も存在する。学名のカタカナ表記については、ラテン語の読みを基本としたが、既に英語風の読み方が定着していると思われる学名については、英語風に読む慣用表記を優先することとした（Chaをカではなくチャと読む、Subをスブではなくサブと読むなど）。

原種はたとえ同種であっても個体差が大きく、その点で園芸品種とは異なる。従って、ここに紹介する個体の形状や模様などは、あくまでも代表的なものであることに注意してほしい。

なお、趣味家の間では、タビ（足袋）型、クラ（鞍）型、コマ（独楽）型などと、球体の形によってコノフィツムを分類するのが古くからの習慣になっているが、これらは遺伝的な類縁関係や進化系統を反映したものではないため、本記事では球体の形態的特徴を表現する目的以外ではこれらの言葉を用いない。

ビロバ節

「2つの裂片」の意。「式典」、「桜貝」、「寂光」、「雛鳩」などの園芸名が付与された原種が、ここに属する。これらを交配親にしての個体選抜や種間交配で作出された数多くの園芸品種が普及している。最も強健な種類で、多少の日照不足や夏の完全断水にも耐える。花は昼咲き。

Conophytum bilobum subsp. *bilobum* (Marloth) N.E.Br.

ビロブム

葉の形状からタビ型やハサミ型と呼ばれる種で、花色は基本的に黄色。レウカンサムは突然変異で白花をつける。この種をベースに他の種を交配することで数多くの園芸品種が作出された。産地により裂片の長さなど球体の形状やキールの色に差があり、かつては別種とされていたものも多いため、複数のシノニムや園芸名がある。

Conophytum bilobum subsp. *bilobum* var. *muscosipapillatum* (Lavis) S.A.Hammer

ビロブム亜種ムスコシパピラツム

基本種である*Conophytum bilobum* subsp. *bilobum*とほぼ同じだが、球体表皮に微毛があるため全体的に白っぽく見える。

Conophytum bilobum subsp. *claviferens* S.A.Hammer

ビロブム亜種クラビフェレンス

形状や花色は基本種と同じだが、球体表皮に鱗状の微毛があるため、ザラザラとした手触りがする。

Conophytum bilobum subsp. *altum* (L.Bolus) S.A.Hammer

ビロブム亜種アルツム

裂片がごく浅いかほぼないためハート形あるいはしずくのような形になる。比較的小型のものが多い。

Conophytum velutinum subsp. *polyandrum* (Lavis) S.A.Hammer

ポリアンドルム

基本種によく似ている。花は白から淡いピンク。

Conophytum frutescens Schwantes

フルテスケンス

球体は切れ込みが浅いタビ型で、茎が長く伸びるため種小名の通り灌木状の草姿となる。花はオレンジ色で夏咲き。

Conophytum chauviniae (Schwantes) S.A.Hammer

チャウビニアエ

比較的小型で球体は細長いしずく形やハート形の形状。表皮に微毛があるためやや白っぽく見える。キールが赤く着色する個体も多い。

栽培 頭上から灌水すると表皮が汚れやすいので注意。

Conophytum velutinum subsp. *velutinum* Schwantes

ヴェルチヌム

球体はハート形で球体表皮に微毛があるため指で触れるとざらついた感触がある。花は赤紫色。

栽培 殻がかぶった状態で上から散水すると、殻から染み出た色素によって肌が茶色く汚れることがある。

ヘレアンツス節

かつてHerreanthus属であった一群で、ハマー氏がコノフィツム属に併合した節である。花は昼咲き。

Conophytum herreanthus
subsp. *rex* S.A.Hammer

ヘレアンツス亜種レックス

形態は基本種によく似ているが、裂片はより幅広い傾向がある。花は淡いピンク。

Conophytum herreanthus subsp.*herreanthus* S.A.Hammer

ヘレアンツス

コノフィツム属の中では最も大型で、球体は深く切れ込んで翼を広げたような特異的な姿となる。その姿から「つばさ」という園芸名が与えられている。肌は白っぽく、花色は白。亜種レックス（C. *herreanthus* subsp. *rex*）は花色が淡いピンク。かつてはヘレアンツス属であったのがコノフィツム属に統合された。

一般的なコノフィツム属のように夏越し時期に殻をかぶることはなく、冬季に出現した新葉が徐々に大きくなるに伴って古い葉が縮んでいき、夏の間に新葉に置き換わる。強めの日照と乾燥を好む。

Conophytum blandum
L.Bolus

ブランドゥム

小型のタビ型で、球体は白っぽく見える。裂片の先端は尖っている。花は淡いピンク。

丈夫でよく増えるが花は咲きにくい。

Conophytum marginatum
subsp. *littlewoodii*
(L.Bolus) Rawé

マルギナツム亜種 リトルウッディ

肌の色やドットは基本種にほぼ同じだが、キール部分が肩を張った形状になるので見分けがつきやすい。

Conophytum regale Lavis

レガレ

球体の形はビロブムによく似ているが、表皮がビロード状なのと、又の部分に半透明の大きな窓を有することが特徴。

球体の大きさに比べて茎が細く倒れやすいため、球体の下部を小石などで支えてやると姿のよい群生株に仕立てられる。

Conophytum marginatum subsp.
karamoepense (L.Bolus) Rawé

マルギナツム亜種 カラモエペンセ

球体は丸みを帯びた小型のタビ型で、表皮がドットで覆われる。

ナミビアとの国境近くの強乾燥地帯に自生するためか、耐乾燥性が強い半面、春から夏の灌水量が多いと二重脱皮することが多い。それで枯れたり腐ったりすることはないが、姿が乱れるのでタビ型種と同程度の灌水量にとどめたい。

ウェットスティニア節

倒立した平たい円錐形が特徴で、コマ型と呼ばれることが多い。普及している「小槌」は*C.wettsteinii*の園芸名と考えられる。花は昼咲き。

Conophytum obscurum subsp. *barbatum* (L.Bolus) S.A.Hammer

オブスクルム亜種バルバツム

球体は直径5㎜程度の倒円錐形。ピンクの花筒が長い花を夏に咲かせる。

Conophytum gratum (N.E.Br.) N.E.Br subsp. *marlothii* (N.E.Br.) S.A. Hammer

グラツム亜種マルロティー

球体はコマ型で、明緑色の表皮に細かい斑点を散らす。

Conophytum ernstii subsp. *ernstii* S.A.Hammer

エルンスティ

コマ型の頂面が微細な突起に覆われてザラ肌になっている。花はピンクの小輪で、開花率は低く数十頭の群生株でも数輪しか咲かないことが多い。

日焼けしやすいので、やや強い遮光を。

Conophytum ernstii subsp. *cerebellum* S.A.Hammer

エルンスティ亜種ケレベルム

頂面がゴツゴツと盛り上がり、表皮が微細な突起に覆われてザラ肌になっているのが特徴。花はピンクで大輪。基本種に比べて開花率が高い。

日焼けしやすいので、やや強い遮光下(遮光率60～70%)。10月中旬から４月は無遮光でもかまわない。

Conophytum minutum subsp. *lisabeliae* S. A. Hammer

ミヌツム亜種リザベリアエ

球体は直径5㎜程度の倒円錐形。表皮は濃緑色で寒さとともに濃紫色に変化する。花は濃いピンク。

Conophytum minutum (Haw.) N.E.Br.

ミヌツム

直径5～10㎜程度の小さなコマ型で、表皮は明緑色。花は明るい赤紫色。

古くからミヌツムとして普及している強健種。

Conophytum wettsteinii (Berger) N.E.Br.

ウエットステイニー

典型的なコマ型の球体で、「小槌」の園芸名で親しまれている一群。球体の大きさや表皮の色や斑点の数にバリエーションがある。

Conophytum chrisocruxum S.A.Hammer

クリソクルクスム

コマ型の球体頂面に十字模様がくっきりと入るのが印象的。開花は４～５月で、ほとんどが秋咲きである本属中では極めて珍しい。蕾は殻の中の新球から出現し、殻の中央部分を突き破るようにして出現し開花する。まれに白花が咲く。

丈夫な種だが、分頭率が低いため頭数を増やすのには時間がかかる。

Conophytum francoiseae (S.A.Hammer) S.A.Hammer

フランコイセアエ

球体の形はウェットステイニーに酷似するが開花期が異なり、休眠期にあたる夏の間に殻を突き破って花を咲かせる。

Conophytum globosum (N.E.Br.) N.E.Br.

グロボスム

緑白色の表皮。花色はピンクか白。卵形とコマ型の２タイプがある。

ミヌスクラ節

「非常に小さい」の意。比較的小型で葉の融合度が高く、表皮に模様や微毛を有する種もある。花は昼咲き。

Conophytum bicarinatum L.Bolus

ビカリナツム

球体は中型のタビ型で、キール部分が角張ってゴツゴツとした印象を与える。多くの個体でキールは赤く染まる。花はピンク。

Conophytum antonii S.A. Hammer

アントニー

球体は高さ1cmほどの小さなタビ型で、表皮には斑点を散らし、キール部分は赤く染まる。花はピンク。

Conophytum hyracis S.A.Hammer

ヒラキス

小型種。球体は棍棒状で上面にわずかに線模様がある。花はピンク。2009年に報告された新種。

Conophytum cubicum Pavelka

クビクム

種小名が示す通り体型は四角く頂面は平らかややくぼむ。花は3cm以上にも及ぶ長い漏斗状で花色は白。

Conophytum bruynsii S.A.Hammer

ブルインシー

球体は縦長の楕円形でブルンネウムに似るが、表皮は明るい緑色。開花期は一定せず、また開花数も少ない。花色はレモンイエローで、スモーレンスカドゥエンセに花形が似ている。

Conophytum brunneum S.A.Hammer

ブルンネウム

球体は長い楕円形で、濃い緑色の表皮には独特のつやがあり、時に赤みを帯びる。花は濃いピンクで小輪。

Conophytum ectypum subsp. *sulcatum* (L.Bolus) S.A.Hammer

エクティプム 亜種スルカツム

球体表面の凸凹が目立ち、独特の姿となる。

Conophytum ectypum var. *brownii* (Tischer) Tischer

エクティプム 変種ブロウニー

表皮に透明感のある線模様が縦方向に走る。球体上面は平たい。

栽培 休眠入りが他の種に比べて早く、エクティプムに準じて扱う。

Conophytum ectypum N.E.Br.

エクティプム

表皮に透明感のある線模様が縦方向に走る。球体上面の中央がわずかに盛り上がってキール状になる。花色は黄色とピンクがある。

栽培 休眠入りが他の種に比べて早く、新球は親球の半分程度の大きさであるため、枯れたと勘違いしやすい。

Conophytum luckhoffii Lavis

ルックホフィー

小型のタビ型で、産地によって球体の大きさや模様の入り方に多様性がある。模様は冬になると鮮やかに色づき観賞価値が高い。

丈夫でよく群生する。夏も週に１回程度軽く灌水するとよい。

Conophytum tantillum subsp. *helenae* (Rawé) S.A.Hammer

タンチルム亜種ヘレナエ

高さ1cm程度の小さなタビ型種でよく群生する。花はピンクの小輪。

Conophytum swanepoelianum subsp. *rubrolineatum* (Rawé) S.A.Hammer

スワネポリアヌム亜種ルブロリネアツム

小型種。細長いコマ型で、上面には赤く凸凹のある模様を描く。

Conophytum luckhoffii Lavis

ルックホフィー

上と同種だが別産地。どの産地のものも、群生株が一斉に開花するため見応えがある。

Conophytum mirabile A.R.Mitchell & S.A. Hammer

ミラビレ

球体は直径1cm以下の球形あるいは倒卵形で、表面は比較的長い産毛で覆われる。一見ステファニーのようだが、花はピンクの大輪で、開花期になればまったくの別種であることがわかる。

比較的、栽培は容易だが強い日照は好まないようだ。

Conophytum minusculum subsp. *leipoldtii* (N.E.Br.) S.A.Hammer

ミヌスクルム亜種レイポルディー

小型種。球体表面に微毛が生じる。表皮に細かな模様をもつものもある。丈夫でよく群生し、球体直径の４倍にもなる大輪の花をつける。

Conophytum turrigerum (N.E.Br.) N.E.Br.

ツリゲルム

球体はタビ型で、裂片は円筒状からこぶし状の形態となる。また裂片には赤褐色の線模様が入る。肌は白っぽい緑色でやや赤みが差す。最も南方に分布するコノフィツム

他の多くの種に比べて、降水量が比較的多く最高気温も低い地方に自生する種のためか、栽培はやや難しい。特に夏の強い日差しや断水には耐えにくく、適度な灌水をするほうが秋の生長再開がスムーズだ。比較的よく開花し、また結実する。実生は小さなうちから分頭開花し、群生株を作りながら球体ひとつひとつが大きくなる。

Conophytum hanae Pavelka = *C. tomasi* J.J.Halda

ハナエ=トマシ

球体は平たい円盤状で頂部がやや切れ込む。花はピンク。

とても丈夫でよく群生する。開花率はあまりよくない。

Conophytum smaleorum Rodgerson & A.J.Young

スマレオルム

球体は小型のコマ型で、頂面はわずかにくぼむ。花は黄色。

普及種のミヌツムと同様の栽培管理でよく育つ。

Verrucosa

ヴェルコーサ節

葉は完全に融合して円筒状になった球体をもつ。透明な斑点を球体表面に多数散らし、一部は密集して窓状になる。自生地では球体がやや地中にもぐる傾向がある。花色はピンクで昼咲き。

Conophytum hermarium (S.A. Hammer) S.A. Hammer

ヘルマリウム

球体は太い円筒形で頂部には透明な斑点が集合してできた窓がある。個体によって窓の大きさに差がある。開花は8月から9月と、コノフィツム属の中では早咲き。

栽培 盛夏のころから少量の水分に反応して脱皮開花するため、日照不足による徒長に注意する。そのため遮光材の遮光率は50%程度が好ましい。

Conophytum smorenskaduense De Boer

スモレンスカドゥエンセ

球体は円筒形で表面に透明な斑点を散らす。頂部の斑点は集合して小さな窓のようになる。花は冬咲きで1カ月間ほど咲き続ける特異な種。この花は球体内部に形成されつつある新球から出現したもので、超早咲きと理解することができる。分頭しにくくまた結実しにくいのでほとんど普及していない。

Cylindrata

キリンドラータ節

球体はやや2裂し、自生地では半分くらい地中にもぐっている。群生株の球体同士のつながりは弱く、連結部分は1～2年で枯れてなくなる。そのため植えかえ時には数球単位でバラバラになってしまう。花は白からピンクで昼咲き。

Conophytum roodiae subsp. *sanguineum* (S.A.Hammer) T.C. Smale

ローデアエ亜種サンギネウム

右のローデアエと同様だが、表皮が真っ赤に色づくのが大きな違い。栽培法もローデアエに準ずる。

Conophytum roodiae subsp. *roodiae* N.E.Br.

ローデアエ

球体は円筒形で窓のような透明な部分はない。冬になると側面が赤く色づくものもある。花は白色で昼咲き。

栽培 休眠期は極端な乾燥を避け、夏の休眠期もある程度の湿り気が必要。

Conophytum reconditum subsp. *reconditum* A.R. Mitchell

レコンディツム

小型で細長いY字形の球体が特徴。裂片の頂部は透明な窓になっている。

栽培 植えかえ時にバラバラになってしまう。

Conophytum vanheerdei Tischer

バンヒルディ

細長い卵形の球体で、表皮に透明なドットを多数散らす。開花時期は早く、まだ休眠中の7月ごろから咲き始めることが多い。

Pellucida

ペルシーダ節

球体頂部はわずかに2裂し、透明な表皮からなる窓には多かれ少なかれ不透明な表皮が模様を描く。自生地では球体は地中に埋まっていることが多い。花色は白からピンクで、まれにサーモンピンクやクリームイエローがある。昼咲き。

Conophytum pellucidum var. *terricolor* (Tischer) Littlewood

ペルシダム変種テリカラー

球体はハート形で頂部には透明な窓が、十字あるいはコウモリの羽に似た模様を描く。肌の色は灰白色から褐色など変異が大きい。

栽培 ペルシダム変種ネオハリーの項に準ずる

Conophytum pellucidum var. *neohallii* S.A.Hammer

ペルシダム変種ネオハリー

ハート形で透明な窓が島のように散在する。表皮の色は灰褐色から赤褐色など。

栽培 ペルシダム全般、乾燥と強めの日照を好む。根の再生力が強いため、休眠中の完全断水も可能。

Conophytum lithopsoides L.Bolus

リトプソイデス

ハート形で肌は赤褐色。透明な窓が島のように散在している。花は赤紫色と白色がある。'藤壺'もこのひとつ。赤褐色は緑色の変異体で、'ケネディ'の品種名。この品種は種子繁殖が可能。'翠星'の品種名で普及している。

Ophthalmophyllum

オフタルモフィルム節

かつては*Ophthalmophyllum*属として独立した属であった。どの種も円筒形の体型で頂部に大きな窓をもつことから、容易にこのセクションに属することがわかる。自生地では頂部の窓だけを地上に出して、球体の大半は地中にもぐっている。花色は白から濃いピンクで、香りがあることもある。昼咲き。

Conophytum devium subsp. *devium* Rowley

デビウム

球体は徳利型のことが多く、他のオフタルモフィルム節の種に比べて裂片の切れ込みが目立つ。裂片の頂部が透明な窓になっているのは、この節に共通の特徴だ。花は淡いピンクが多い。

夏の乾燥に極めて強いため、休眠中は完全断水でもかまわないが、小さな実生株や単頭から数頭の間は多少灌水したほうが傷みが少ない。オフタルモフィルム節の全種に当てはまることだが、自生地では強い日照と乾燥から身を守るために、窓部分以外は土に埋まっている。つまり、側面は強い日照に耐えられない。しかし、栽培においては球体全部を地上に露出するのが一般的なので、球体側面に直射日光が当たると日焼けにより大きなダメージを受けケロイド状になる。最悪の場合はそのままとろけてしまうので、5月から9月いっぱいは遮光し続けることが重要だ。

Conophytum verrucosum (Lavis) G.D. Rowley

ヴェルコスム

自生地では頂部の窓だけを地上に出して、球体の大半は地中にもぐっている。花色は白から濃いピンクで、香りがあることもある。昼咲き。

Conophytum longum N.E.Br.

ロングム

球体は明るい緑色で、頂部はやや尖ってキール状になることもある。花色は白から淡いピンク。よく群生して開花する姿は見事。

Subfenestrata

サブフェネストラータ節

「やや窓がある」の意で、球体頂部に透明な斑点が集合して形づくられた不明瞭な窓がある特徴を表す。球体の表皮には微毛がありビロード状。自生地では球体のほとんどが地中にもぐっている。花色はピンクから白で昼咲き。

Conophytum concavum L.Bolus

コンカブム

球体は丈の低い円筒形から卵形で頂部はやや平たい。表皮の色は薄い緑色ですりガラス様のつや消し。花は白色で昼咲き。

日照と乾燥を好む。二重脱皮しやすいので、春から秋にかけての灌水は最低限にとどめる。

Conophytum subfenestratum Schwantes

サブフェネストラツム

球体は直径3cm前後にもなる大型の円筒形から丸形で、表皮は淡い緑色でつや消し。頂部には透明な小さいドットを多数散らす。花は薄ピンクのものが多いが、まれに白花をつける個体もある。

日照と乾燥を好むが、強い日照では表皮にシワが目立つようになり消えにくい。やわらかな日差しを長時間浴びるのを好むようだ。二重脱皮しやすいので、春から秋にかけての灌水は最低限にとどめる。

〈サブフェネストラツムの自生地の様子〉
左はアルギロデルマ属。頂部の窓だけを地上に出し、球体の大半が地中に埋まっているのは、有窓類に共通した自生地での姿だ。

チェシレ-フェレス節

休眠期に球体が小石の隙間にもぐって消えて、生長期になると再び現れる様子を物語『不思議の国のアリス』に登場するチェシャ猫に例えている。昼咲き&夜咲き。球体が円錐形で、頂部に不明瞭な窓をもつものが多い。昼咲きと夜咲きがある。

Conophytum burgeri L.Bolus

ブルゲリ

円錐形の球体をもつ有名種。球体の上半分くらいは透明な組織で、底部の細胞に含まれる葉緑体で光合成を行う。花はピンクで底白。自らは脱皮しないため、白く薄皮状になった古い葉が球体を何重にも覆う。自生地はクオーツフィールドと呼ばれる石英の小石が地表を覆っており、白い薄皮が保護色となり開花期以外にブルゲリを見つけるのは困難とされる。

Conophytum acutum L.Bolus L.Bolus

アクツム

球体の表皮は透明感のある明るい緑色で頂部に透明な窓があり、一見ガラス細工のように見える。花は白色で夜咲き。筒状で先端がやや開く程度なので、あまり目立たない。

乾燥にはとても強いため、休眠期の灌水は2週間に1回、表土が軽く湿る程度でよい。やりすぎると二重脱皮する。

Conophytum achabense S.A.Hammer

アチャベンセ

球体は高さ1cm程度のひょうたん型で頂部には小さな窓がある。花は薄いピンク。

めったに分頭しないので、繁殖は実生による。小型であるがゆえに、初期生育は遅く、乾燥させすぎによる枯死で失敗することが多い。種子の発芽率も低い。夏の間も培養土が乾燥しきらないように、数日おきの軽い灌水を続けると成績がよい。タネまきから3～4年で開花するが、充実した株になるにはさらに数年を要する。

ブルゲリの栽培法

一般的な販売サイズである直径2cm程度の開花苗を入手したことを前提に、四季の管理方法を解説する（実生からの栽培方法は127ページ）。

ブルゲリは夏の暑さと湿気に非常に弱いという俗説が広まっているため、遮光下で乾燥して夏越しする方法が奨励されているが、これこそが失敗する最大の原因だ。

一般に、コノフィツムは冬型多肉植物に分類されるため、秋、涼しくなってから灌水を再開する。しかし、ブルゲリの自生地は夏の終わり（日本の8～9月に少量の雨が降るため、高温期であっても生長する。また自生地では、降雨期以外であっても土壌水分含量が高いとされ、年中適度の水分が必要なようだ。これらのことから、ブルゲリの栽培にあたっては、他のコノフィツムとは異なり、次のような栽培ポイントを押さえておくべきだろう。

栽培のポイント

1 高温期にも生長する植物のため、夏の遮光率は60％を超えないようにする。最高気温が40度に達しても問題ない。

2 夏の間も週に1回、表土が湿る程度の灌水を行う。生育期は週に1回は鉢底から流れ出るまで十分に灌水する。

3 コノフィツム属の中では最も日照不足に弱い。生育期である晩夏から初夏までの日照時間は5時間を確保する。3時間以下では夏越しに必要なエネルギーを蓄えることができず、初夏になるとほぼ確実に腐敗してしまう。

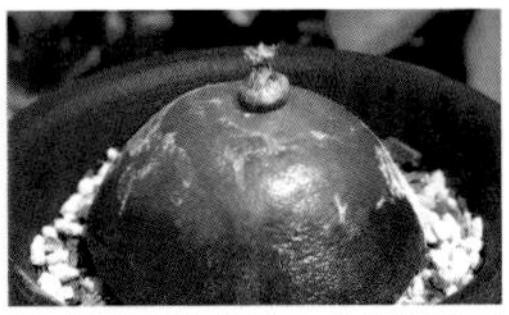

上／休眠直前（4月）、最も赤く色づいたブルゲリ。
左／薄皮を剥ぐときは、濡れたティッシュペーパーなどをかぶせて十分にやわらかくしてから、ピンセットなどで注意深く剥ぎ取る。薄皮に包まれた姿のほうが自生地風ではあるが、栽培者の好みしだいで決めればよい。

一年を通しての変化

10月 開花時期

新球も大きく膨らむ時期。週に1回程度たっぷり灌水する。

2月 紅葉時期

灌水は培養土の乾き具合を見ながら10日に1回程度。

5月 休眠導入期

紅葉も色あせて、球体に張りがなくなり、全体的に縮んでくる。

6月 夏眠入り

親球は完全に水分を失って薄皮となり、直下で大きくなっている新球を包む。

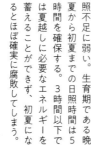

Conophytum maughanii
subsp. *latum* (Tischer) S.A.Hammer

マウガニー亜種ラツム

アルメニアクムに酷似し、頂部が盛り上がって円錐形～円錐台の体型になり頂部には窓があるのがこの種の特徴。

マウガニー亜種アルメニアクムに準ずる。

Conophytum maughanii subsp.
armeniacum S.A.Hammer

マウガニー亜種アルメニアクム

若い株はやや細長い円筒形で、年数とともに扁平になる。頂部には不明瞭ながらも窓がある。花は白色から淡い黄色で夜咲き。香りがある。秋が深まると球体全体が真っ赤に色づく。

この節の中では最も栽培が容易。分頭しないので実生で繁殖する。降水量が極端に少ない内陸部の地域に自生するため、リトープスと同様に扱うとうまく育てられる。夏、遮光下で灌水量が多いとすぐに徒長してしまうので、休眠中は月に１～２回、ごく軽く散水する程度で十分だ。大きな株は完全断水でもかまわない。

Conophytum hammeri G.Williamson & H.C.Kennedy

ハンメリー

ブルゲリと見まがうほどよく似た円錐形の球体をもつ。球体全体が明るい緑色で、窓のような部分は見られない。花は白～白に近いサーモンピンクで夜咲き。強い香りがある。夏の休眠中はブルゲリ同様に白い薄皮をかぶるが、休眠から目覚めて生長を再開すると同時に薄皮を脱ぎ捨ててしまう。

夏に断水すると薄皮内で新球が極端に縮んでしまい、休眠明けになっても新球が吸水しないことが多い。夏の間も新球の大きさを確認しながら少量の灌水を続けるとうまく栽培できる。

Conophytum subterraneum T.Smale & T.Jacobs

サブテラネウム

球体は紡錘形で、サブテラネウムという種小名が示す通り下半分が地中に埋まっている。表皮は明るい緑色ですりガラス様のつや消し。窓はない。花は明るい赤紫色で、昼咲き種としては珍しく香りがある。

めったに分頭しないので、繁殖は実生による。ブルゲリと同様の育て方でよい。

Conophytum ratum S.A.Hammer

ラツム（Rラツム）

扁平な円錐台で頂部の2つの裂片は透明な窓。自生地ではこの窓だけを地表部に出している。日照条件がよいと窓部分がほんのり赤く染まる。花は薄いピンクが基本で、時折サーモンピンクやレモンイエローの個体が出現する。

めったに分頭しないので実生により繁殖。生長がよいとタネまき後2年で開花するが、数年かけて作り込みたい。夏越し中は完全断水も可能。日照不足で灌水すると徒長するため、日照を確保すると自生地のような本来の姿となる。

Conophytum phoeniceum S.A.Hammer

フォエニケウム

小判形で平たい球体をもつ。表皮は小突起で覆われているためザラザラに見える。頂面には透明な窓がある。花はオレンジ色で夜咲き。

めったに分頭しないので、実生繁殖する。実生の生長は早く、タネまき2年後に直径1cm程度のサイズで開花する個体が多い。球体は年々大きくなり、直径2cmほどになる。夏の乾燥に強く、月に１回の霧水程度で十分だ。完全断水でもかまわない。もし二重脱皮が見られたら、翌年は灌水回数を減らすとよい。

Cataphracta

カタフラクタ節

「装甲の」の意味で、表皮が白っぽいものや青みを帯びてかたいものが多い。夜咲き。

Conophytum pageae
(N.E.Br.) N.E.Br.

パゲアエ

分布域が極めて広いため、産地によって球体の大きさや色にかなりの差異がある。球体は倒卵形で頂部がくぼむものもある。割れ目は唇状に赤く着色するものも多いが、まったく着色しないものもある。表皮の色は白っぽい緑色からブルーがかった緑色まで幅がある。花は黄色で夜咲き。

カルクルスと同様に栽培する。ただし、球体が小さいためシワが寄りやすい傾向があるので、心もち日照を弱めにするとよい。

Conophytum calculus
(A.Berger) N.E.Br.

カルクルス

球体は単頭株ではほぼ球形で、分頭するとゆがむ。表皮は白っぽい緑色。頂部にごく小さな割れ目がある。花は黄色からオレンジ色で小輪。夜咲きでよい香りがある。

強めの日照と乾燥を好むため、培養土には粒径が粗めの硬質赤玉土や鹿沼土を用いて水はけよくブレンドする。灌水は緩急をつけるのがよく、生育期はタップリ灌水した後は2週間くらいおくとよいようだ。調子がよいと思っていると突然腐ることがある。

Saxetana

サクセターナ節

球体は小型から中型のタビ型で、自生地では球体は地中にもぐらない。表皮には微毛があるものが多い。花色は多くは白からクリーム、淡いピンクで、まれに濃い赤色のものがある。夜咲き。

Conophytum saxetanum
(N.E.Br.) N.E.Br.

サクセタヌム

棍棒状の球体に、透明なクチクラ層による線模様が走ることが多い。美しく紅葉する個体もある。

Conophytum quaesitum
(N.E.Br.) N.E.Br.

クアエシツム

背の低い厚みのあるタビ型で浅い割れ目がある。肌は白っぽく、多数のドットを散らすものが多い。花色は白。

Conophytum hians N.E.Br.

ヒアンス

球体は高さ1cm程度の小さなタビ型。表皮は微細な毛を密に生じてビロード状になる。花はレモンイエローで夜咲き。

栽培は容易でよく群生する。

Conophytum carpianum
L.Bolus

カルピアヌム

高さ1cm程度の小さな羽子板型の球体。灰緑色の表皮にドットを散らす。花は白色で夜咲き。

栽培は容易でよく群生する。

Costata

コスタータ節

「肋《ろく》がある」の意。表皮に肥厚したクチクラによる肋を生じて凸凹の模様となる。夜咲き。

Conophytum angelicae subsp. *tetragonum* Rawé & S.A.Hammer

アンゲリカエ亜種テトラゴヌム

特に四角張っている以外は基本種にほぼ同じ。

基本種に準じる。

Conophytum angelicae
(Dinter & Schwantes) N.E.Br.

アンゲリカエ

球体はコマ型で上から見ると丸みを帯びた四角形のものが多い。頂面はやや盛り上がり、発達したクチクラにより凸凹とした模様ができる。表皮は緑色から茶色で、花は茶色から紫色まで幅がある。夜咲きで香りがある。

長時間の日照を好む。休眠入りが早く、3月ごろには既に薄皮をかぶっていることが多い。

Barbata

バルバータ節

葉は完全に融合して平たい球形となり、頂部に顕著な割れ目はない。表皮は微毛～短い産毛に覆われている。花色はクリームイエローから淡いピンク、濃いオレンジ色～赤銅色。夜咲き。

Conophytum pubicalyx Lavis

プビカリクス

球体は直径２～３㎜程度の倒卵形で表皮に短毛が密生する。花は夜咲きでオレンジ色～赤茶色。

ごく小さな球体のため、休眠中の極端な土壌の乾燥はよくない。週に１回程度は表土が湿る程度に軽く散水すると休眠明けの生長再開がスムーズだ。特に数頭株の場合は保水量も少ないので、乾燥させすぎないように注意する。多頭株になれば比較的安定して夏越しできるようになる。

Conophytum depressum subsp. *perdurans* S.A.Hammer

デプレッスム亜種ペルデュランス

球体はまんじゅう型で表皮は茶色で微毛を密生させる。花被片が細いオレンジ色の花を夜咲かせる。基本種は短命だが、本亜種は分頭により数十頭まで群生し何年も生きる。

分頭するため挿し木増殖が可能だが、実生の生育も早いのでできれば実生で育ててみたいところ。

Conophytum stephanii subsp. *helmutii* (Lavis) S.A.Hammer

ステファニー亜種ヘルムティー

球体は直径5㎜前後で、表皮に短毛を密生する。花は暗赤色から橙色で夜咲き。

丈夫でよく群生する。小型種なので夏越し中も週に１回程度の軽い散水をするとよい。

Conophytum stephanii subsp. *stephanii* Schwantes

ステファニー

球体は直径5㎜前後で、表皮に亜種ヘルムティーよりも長い短毛を密生するため、全体が白っぽく見える。花は淡黄色から薄いピンクで夜咲き。

丈夫でよく群生する。小型種なので夏越し中も週に１回程度の軽い散水をするとよい。

Batrachia

バトラキア節

アルミアヌムただ1種からなる節。

Conophytum armianum S.A.Hammer

アルミアヌム

球体は直径5㎜前後の円筒形～コマ型で、表皮は赤みを帯びた茶色。頂面にツブツブとした小さな突起を散らす。

コノフィツム節

完全に融合した扁平なコマ型の球体で、頂面には点や線からなる模様がある。球体側面はしばしば赤く着色する。花色はクリーム色からピンクで強い香りがある。すべて夜咲き。自生地では球体は地中にもぐらない。

Conophytum ficiforme (Haw.) N.E.Br.

フィキフォルメ

球体はクラ型と呼ばれる体型で、横から見ると中央部がややくぼんだ形になっていることが多い。頂面には赤褐色の線模様を描くものが多いが、薄くて目立たない個体もある。

Conophytum comptonii N.E.Br.

コンプトニー

球体は直径5㎜前後のコマ型。表皮は灰褐色で複雑な点線模様を描く。

比較的丈夫な種だが、小型種なので夏の過乾燥に注意する。ただし、夏に灌水過多だと二重脱皮しやすい。株分け後に調子を崩すことが多いので、増殖は挿し木のほうがよいようだ。直径2㎜以下のごく小さな球体でも挿し木すればほぼすべて活着する。

Conophytum obcordellum subsp. *rolfii* (De Boer) S.A.Hammer

オブコルデルム亜種ロルフィー

球体は倒卵形で頂部は凸凹とした暗赤色の線模様を描く。花はクリーム色で夜咲き。

Conophytum obcordellum (Haw.) N.E.Br.

オブコルデルム

球体はソラマメ型で、淡緑色の表皮には暗緑色の斑点が散らばるが、表皮の色や斑点の大きさには個体差、産地間差が大きい。

Conophytum minimum (Haw.) N.E.Br.

ミニムム

球体は直径1～2㎝のコマ型で、頂面は平たく、暗赤褐色～暗緑色の模様を描くものが多い。

Conophytum truncatum var. *wiggettiae* (N.E.Br.) Rawé

トルンカツム変種ウィゲッティアエ

球体は倒卵形で、明緑色の表皮に緑色の斑点を散らす。割れ目の周囲は淡赤色を呈することが多い。花はクリーム色で夜咲き。

Conophytum uviforme subsp. *decoratum* (N.E.Br.) S.A.Hammer

ウビフォルメ亜種デコラツム

球体は直径5㎜前後の小さな倒卵形で、上半分に点線模様がある。表皮は緑色から赤みを帯びた灰緑色。花はクリーム色や薄いピンクで夜咲き。

Conophytum uviforme subsp. *uviforme* (Haw.) N.E.Br.

ウビフォルメ

球体は倒卵形で、明緑色の表皮に緑色の斑点を散らし細い線模様を描くことが多い。花はクリーム色で夜咲き。よい香りがある。

人気の園芸品種

「バラ典」

コノフィツムが取引されるときの名称は、学名（ラテン名）と園芸品種名に大別されるが、昭和40年代ごろまでに輸入されたときに使われた「園芸名」が今になって混乱のもととなっている。当時は学名に対して園芸名が付与されるのが習慣で、例えば*Conophytum bilobum*は「少将」、*C.subrism*は「小姓」という具合だ。原種だから個体差があるので、同じ「少将」であってもさまざまなタイプのものがある。

一方、園芸品種は個体差を極力排するのが原則なので、同じ品種名なら同じ形質でなくてはならない。ところが、ある名称が園芸名なのか園芸品種名なのかは名札を見ただけではわからない。そこで下表に、代表的な園芸名と対応する学名を示した。

最近導入された原種は学名で表記するのが常識となっているため、わざわざ園芸名に読みかえる人はめったにいないと思うが、古くから普及している名称を使うときには参考にしてもらいたい。

なお、コノフィツムは挿し木などでクローン増殖されることがほとんどなので、古くから園芸名で普及しているもののほとんどは同一の形質をもつ「園芸品種」となっていると考えてよいだろう。

それら園芸品種には、種子繁殖可能なものと、挿し木で栄養増殖するものがあり、「原種選抜系統」、「原種選抜品種」「交配品種」と表記した。なお、交配品種から採種した種子は、播種しても同じ品種にはならない。

園芸名・学名対応表

園芸名:学名に対応する和名として使われる名称を園芸名と呼ぶ。(　)内は園芸名がつけられたときの学名で、現在はシノニムとなっているものも多い。	現在の学名	カナ読み例
小笛(C. *corniferum*)、ルイザエ(C. *luisae*)	C. *bilobum* subsp. *altum*	アルツム
少将(C. *bilobum*)、朱鳖玉(C. *meyerae*)、桜貝(C. *springbokense*)、式典(C. *elishae*)、神鈴(C. *meyeri*)、小公子(C. *neliatum*)、世尊(C. *compressum*)、明珍(C. *pole-evansii*)、光源氏(C. *bilobum*)	C. *bilobum* subsp. *bilobum*	ビロブム
翡翠玉	C. *calculus* subsp. *calculus*	カルクルス
青春玉(C. *odoratum*)、寿紋玉 (C. *placitum*)	C. *ficiforme*	フィキフォルメ
玉彦、黄金玉	C. *flavum* subsp. *flavum*	フラブム
寂光	C. *frutescens*	フルテスケンス
中将姫	C. *halenbergense*	ハレンベルゲンセ
雨月(C. *jucundum*)	C. *gratum*	グラツム
傾国(C. *ovigerum*)、小太刀(C. *papillatum*)	C. *meyeri*	メイエリー
清姫(C. *scitulum*)、中納言(C. *pictum*)、椿姫(C. *leviculum*)、初音(C. *notatum*)	C. *minimum*	ミニムム
七星座(C. *declinatum*)、安珍(C. *obcordellum* 'Ursprungianum'や'Mundum'をもとにした交配名)、内侍、小式部(C. *ursprungianum*)	C. *obcordellum* subsp. *obcordellum*	オブコルデルム
雲映玉	C. *obcordellum* subsp. *obcordellum* var. *ceresianum*	ケレシアヌム
群蛍(C. *pulchellum*)	C. *obscurum* subsp. *obscurum*	オブスクルム
小姓(C. *subrism*)	C. *pageae*	パゲアエ
勲章玉(C. *pellucidum*)、秋想(C. *fenestratum*)	C. *pellucidum* subsp. *pellucidum* var. *pellucidum*	ペルシダム
七小町	C. *piluliforme* subsp. *edwardii*	エドワルディー
蝶羽玉	C. *quaesitum* subsp. *quaesitum*	クアエシツム
袖珍玉	C. *schlechteri*	スクレクテリ
翠光玉(C. *pillansii*)	C. *subfenestratum*	サブフェネストラツム
紫式部	C. *taylorianum* subsp. *taylorianum*	タイロリアヌム
紅翠玉	C. *truncatum* subsp. *truncatum*	トルンカツム
小紋玉	C. *truncatum* subsp. *truncatum* var. *wiggettiae*	ウィゲッティアエ
春待玉	C. *turrigerum*	ツリゲルム
王宮殿(C. *occulutum*)	C. *uviforme* subsp. *decoratum*	デコラツム
明鏡玉 (C. *julii*)	C. *uviforme* subsp. *uviforme*	ウビフォルメ
雛鳩(C. *velutinum*)、天使(C. *tischeri*)	C. *velutinum* subsp. *velutinum*	ヴェルチヌム
明窓玉	C. *violaciflorum*	ビオラキフロールム
小槌(C. *wettsteinii*)	C. *wettsteinii*	ウエットステイニー

Conophytum pellucidum var. *neohallii* 'Makin's plum'

ペルシダム ネオハリー 'メイキンズ プラム'

ペルシダム変種ネオハリーの赤色変異体で実生繁殖可能。

Conophytum pellucidum 'Omegafarm albino'

ペルシダム 'オメガファーム アルビノ'

ペルシダムの緑色変異体で、実生繁殖可能。

Conophytum minimum 'Wittebergense'

ミニムム 'ウィッテベルゲンセ'

'ウィッテベルゲンセ'は産地によって模様が異なる。

Conophytum minimum 'Wittebergense' RR714

ミニムム 'ウィッテベルゲンセ' RR714

RR714はフィールドナンバーで、特に派手な模様が入るため人気が高い。

Conophytum obcordellum 'Spectabile'

オブコルデルム 'スペクタビレ'

かつては変種であったものが園芸品種となり、変種名がそのまま園芸品種名となった。

Conophytum obcordellum 'Picturatum'

オブコルデルム 'ピクツラツム'

かつては変種であったものが園芸品種となり、変種名がそのまま園芸品種名となった。

Conophytum subfenestratum, White flower mutant

サブフェネストラツム 白花

サブフェネストラツムの白花変異体で実生繁殖可能。

Conophytum bilobum 'Leucanthum'

ビロブム 'レウカンサム'

ビロブムの白花変異体で実生繁殖可能。

Conophytum pellucidum, Yellow flower

ペルシダム 黄花

ペルシダムは通常白花だが、本品種は黄色を帯びた花をつける。

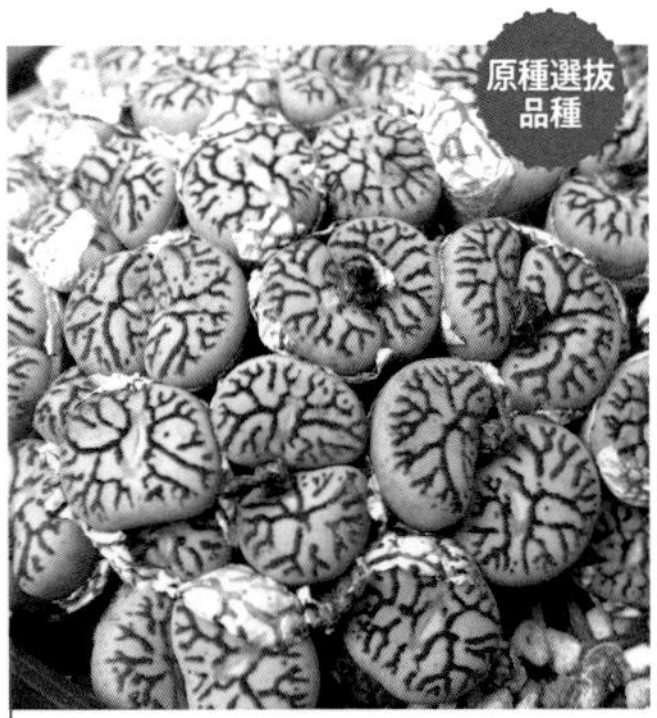

Conophytum minimum 'Futoedamon Wittebergense'

ミニムム '太枝紋ウィッテベルゲンセ'

'ウィッテベルゲンセ'は模様に多様な変異があり、本品種は選抜個体を栄養繁殖している。

Conophytum minimum 'Karakusamon Wittebergense'

ミニムム '唐草紋ウィッテベルゲンセ'

'ウィッテベルゲンセ'は模様に多様な変異があり、本品種は選抜個体を栄養繁殖している。

Conophytum obcordellum 'Momobana Ursprungianum'

オブコルデルム '桃花ウルスプルンギアナム'

おそらく'ウルスプルンギアナム'とセレシアヌムとの交配品種と思われるが、詳細は不明。

Conophytum ×marnierianum 'Marbel's Milkman'

マルニエリアナム ‘マーベルス ミルクマン’

ビロブムとエクティプムの人工交配品種。

Conophytum 'Sakurahime'

‘姫桜’

種間交配品種とされるが詳細は不明。‘桜姫’の品種名で呼ばれることもあり混乱している。

Conophytum wettsteinii 'Kozuchi'

ウエットステイニー‘小槌’

ウエットステイニーの園芸名が‘小槌’であるが、栄養繁殖されたこのクローンが普及している。

Conophytum obcordellum TS603 'Blackberry'

オブコルデルムTS603 ‘ブラックベリー’

フィールドナンバーTS603の実生選抜個体。挿し木や株分けにより増殖。

Conophytum comptonii × obcordellum 'Trapezium'

コンプトニー× オブコルデルム ‘トラペジウム’

コンプトニーとオブコルデルムの人工交配品種。

Conophytum 'Baraten'

‘バラ典’

特異な花色で有名な交配品種。

Conophytum maughanii × minimum 'Wittebergense'

マウガニー× ウィッテベルゲンセ

マウガニーと‘ウィッテベルゲンセ’の人工交配品種。

Conophytum × marnierianum

マルニエリアナム

ビロブムとエクティプムの人工交配品種。多様性に富み、‘マーベルスミルクマン’もそのうちの1つの品種。

Conophytum ficiforme 'Yaegakihime'

‘八重垣姫’

原種フィキフォルメの選抜個体と思われる。花弁が長く伸びて特異な花容となる。

Conophytum 'Shokkoden'

‘蜀光殿’

オレンジ色に底黄の花は珍しい。

Conophytum obcordellum 'Daikokuten'

オブコルデルム系交配 ‘大黒点’

深緑色の透明な斑点が特に大きくなる園芸品種。

Conophytum cubicum hybrid 'Purple eye'

クビクム ハイブリッド ‘パープルアイ’

クビクムを片方の親とした交配品種。

原種選抜系統　原種から選抜された園芸品種で種子繁殖可能なもの。

原種選抜品種　原種から選抜された園芸品種で挿し木や株分けでのみ繁殖されるもの。

交配品種　複数の原種や品種の交配による園芸品種で挿し木や株分けでのみ繁殖されるもの

Conophytum 'Suisei'

‘翠星’

リトプソイデスの緑色変異体である‘ケネディ’の選抜個体と考えられる。サブフェネストラツムの名前で販売されることがあるが間違い。

Conophytum 'Hinabato'

‘雛鳩’

原種ウェルチヌムの選抜個体と考えられる。

Conophytum 'Senhime'

‘千姫’

原種クアエシツムの選抜個体と考えられる。磁器を思わせる白い肌が特徴。

Conophytum 'Momozono'

‘桃園’

比較的新しい品種で、‘オペラローズ’、‘稚児桜’などよく似た品種が存在する。

Conophytum 'Hanazono'

‘花園’

日本で初めて作出された人工交配品種で1960年発表。

Conophytum 'Hanaguruma'

‘花車’

松本市にあったナーセリー・錦園が作出した巻花品種のひとつ。

Conophytum 'Goshoguruma'

‘御所車’

松本市にあったナーセリー・錦園が作出した巻花品種のひとつ。

Conophytum 'Janome'

‘蛇の目’

底白の部分が大きい品種。

Conophytum 'Kogikunomai'

‘小菊の舞’

松本市にあったナーセリー・錦園が作出した巻花品種のひとつ。

Conophytum 'RA-No.1'

'RA-No.1'

特に濃い赤色の花をつける園芸品種。

Conophytum 'Aurora'

‘オーロラ’

開花が進むと花弁が比較的長くなる。

Conophytum 'Rugosa'

‘ルゴサ’

学名のような名前だが由来は不明。

Conophytum 'Uneigyoku'

‘雲映玉’

オブコルデルムの変種ケレシアヌムの選抜個体。

Conophytum 'Koganenomai'

‘黄金の舞’

松本市にあったナーセリー・錦園が作出した巻花品種のひとつ。

コノフィツム栽培小史

大正11年	1922年 N.E.Brownがコノフィツム属（円錐形植物の意味）創設
大正末期～昭和初期	日本に渡来
昭和6年	1931年 業者のカタログおよび同好会誌に「コノフィツム」の名前が登場
昭和10年	1935年 このころが戦前の輸入最盛期
昭和15年	1940年 このころ80種ほどが栽培されていた
昭和27年	1952年 長野県の錦園が戦後初の写真入りカタログ発行。タビ型を主体に実生テスト開始
昭和35年	1960年 長野県の錦園が赤花品種第1号'花園'販売（1頭600円）
	1960年代半ば '安珍'、'朱楽殿'、'紫雲殿'、'銀河'などの交配品種が販売される
昭和41年	1966年 日本コノフィツム協会設立
昭和45年	1970年 このころまでに300種近くが株や種子で輸入。趣味家が急増
昭和50年	1975年ごろ 園芸雑誌に特集記事が掲載される。NHKテレビ「趣味の園芸」で紹介

古くて新しいコノフィツム

この本を手にとられた方でコノフィツムという植物をご存じの方はどれくらいだったろうか。筆者が初めてコノフィツムを知ったのは中学生のころ、NHKテレビの「趣味の園芸」を見ていたときだ。小さく可憐で宝石のよう。さらに昆虫のごとく脱皮をするという不思議さで、一瞬で虜になってしまった。早速、通信販売でコノフィツムを手に入れて、以来四十数年栽培し続けている。そこで、昭和のブームとその後の衰退、そして再ブームといわれる現在までの移り変わりを趣味家の立場で簡単に振り返っておきたい。

昭和のブーム

日本にコノフィツムが初めて輸入されたのは大正時代末期から昭和初期だったようで、1940年（昭和15年）には80種ほどが栽培されていたという記録がある。1960年から輸入が再開されるとともに、同年に発表されたタビ型園芸品種である'花園'を皮切りに、1970年までの10年間で、赤、朱、橙、紫、黄、白などの色とりどりの花をつけるタビ型園芸品種が作出された。専門ナーセリーのカタログには合計160ほどの原種や園芸品種が掲載されていたという。

衰退と兆し

1980年代になるとコノフィツムの人気は徐々に衰退し、時代が21世紀に変わるころにはすっかり"忘れられた"植物になってしまった。原因はよくわからない。夏に腐りやすく栽培が難しかったという人もいるし、休眠期に枯死したような姿になるのが嫌われたとか、あるいは、開花時期以外は緑一色の似たり寄ったりで面白みに欠けるという話も聞いた。"飽きられた"という言い方がふさわしいのかもしれないが、いずれにしても、園芸店ばかりか大手種苗会社の通販カタログからも姿を消してしまった。

こうして日本でのブームが去ったとき、アメリカでは新しい風が吹き始めていた。1993年、アメリカの在野の研究者であるスティーブン・ハマー氏が、精力的な自生地調査や栽培研究に基づいた新しい分類体系を発表したのだ。次いで2002年に出版された著書でも新種が発表され、これまで見たことがなかった多様な姿形に世界のマニアたちは目を奪われた。しかし、コノフィツムが再び日本の趣味家の話題に上ることはなかった。「安物・駄物植物」というイメージが生産販売関係者にも趣味家にも定着していたのだろう。

新しいブーム

前述のハマー氏だったと思うが、世界各国のコノフィツムのマーケット状況を概説していたことがあった。その中で、日本での栽培熱は過去のものになってしまったが、近いうちに再燃するだろうという予言があった。そして予言は「アジア圏で」というただし書きつきで的中することになった。韓国および中国で沸き起こった多肉植物ブームの一環として、突然のようにコノフィツムやリトープスなどの玉型メセンに脚光が当たったのだ。特にコノフィツムは生産者も生産量も極めて限られているため、ネットオークションに趣味家が出品した植物が、途方もない価格で落札される事態になった。そのことがまたSNSなどを通じて世界中に拡散され、この植物に関心をもつ人が急増している。日本では、コノフィツムは過去の園芸植物というイメージだが、世界的には目新しく希少な「珍奇植物」なのだ。そして、世界中にこの植物のファンが増えたのは本当にうれしい。

ブーム新旧対比

昭和のブームでは、花色が豊富なタビ型をはじめとした園芸品種の人気が高く、人工交配が繰り返されてあまたの品種が作出された。それに対して、現在のブームではここ二十数年内に発見された原種のほか、*C.burgeri*を筆頭とする有窓類、*C.obcordellum*や*C.minimum*あるいは*C.ficiforme*などの、粒紋系あるいは紋様系と総称される原種や選抜個体に人気が集中しているようだ。これらはいまだ生産量が需要に追いつかないため入手が非常に困難なのだが、徐々に手に入れやすくなるだろう。どこかで出会うことがあればぜひ手に入れてこの植物の魅力を感じてほしい。そのとき、本記事が多少なりとも役に立つことがあれば幸いだ。

（関東平野部における）栽培管理の基本

これまで広まっていた栽培情報は、タビ型種など強健な普及種についてのもの。コノフィツム属は分布域が広く栽培特性も多様性に富むため、次にあげる４種類にタイプ分けして水やりや日照の調整をするとよい。

1 タイプ分け

大型種 球体の高さや直径が1cm程度を超え、全体が緑色のもの。タビ型種、コマ型種などの強健な園芸品種。弱い日照条件、乾燥耐性も強く、夏眠中は完全断水しても大丈夫。

小型種 球体の直径が 1cm前後より小さいもので、夏の完全断水には耐えられないものが多い。夏の休眠期も数日から１週間に１回程度の軽い散水（表土が1cm程度湿る程度）する。

有窓種 マウガニー、R ラツム、ペルシダム、リトプソイデス、ヘルマリウムなど、球体の頂部に窓があるもの。極端な乾燥地帯に自生している種で、完全断水に耐える。強い日照がないと十分なエネルギーが得られないようだ。

ブルゲリ 有窓種と同じく窓をもつ種。自生地は極端な乾燥地だが、本種の自生するエリアだけは地下水位が高く十分な水分が得られるようだ。休眠明け、降雨の高温期に生長する性質がある。これらの点で他の有窓種とは異なり、夏季でも適度な灌水が必要。

2 置き場所

一年を通じ４～５時間以上は日の当たる場所で、雨が直接当たらない風通しのよい場所がよい。生育期（10 ～５月）は無遮光～２０％、夏の休眠期（６～９月）は 30 ～７0％の遮光ネットなどを設置する。

3 水やり

生育期には週に１回程度鉢底から水が出るまで灌水し、休眠期はタイプによって頻度が異なるが、球体が濡れる程度から表土が湿る程度に軽く散水。

4 年間管理

生育期の管理

殻を破って新葉が顔を出すのが生長開始のサイン。挿し木や植えかえ、タネまきなどの作業は遅くなると低温の影響で成績が悪くなるので１１月下旬までには終わらせたい。

日照条件 １２月ごろに球体の内部で育ち始める新球は、翌年の６月ごろまでに完成して夏越しに必要な水分と養分を蓄える。生育期には１日最低４～５時間の日照が必要。
もし、休眠前５～６月に腐らせてしまうようなら、生育期の日照不足を疑ってみること。旧来の説「コノフィツムは暑さに弱く夏になると腐る」は、冬の日照不足が原因と考えられる。
生育期の始めと終わりごろは、50％ほどの遮光をし「日焼け、枯死」を防ぐ。日焼けは１～２時間の直射日光で起こるため油断大敵。なお、日照時間の短さは日差しを強くしても補えないので注意。

気温 生育適温は 10 度から 20 度くらいの間だが、マイナス２～マイナス３度くらいまでなら凍ることなく耐え、軽い凍結なら回復する。関東地方以西で、軒下など、霜が当たらない屋外での管理も可能。

休眠期の管理

５～６月ごろ、気温が高くなるとともに球体の色が薄茶色に変色し始める。球体は徐々に乾燥して茶色の薄皮となり、既に内部で大きく育っている新球を覆って、強い日照や乾燥から保護しながら夏を越す。

日照条件 夏の高温期は、自生地では乾期にあたるので、雨が吹き込まない通風のよい場所で過ごさせる。強すぎる日照は殻の内部で休眠する新球をゆでてしまうので、遮光率 50％程度の遮光は必須だ。有窓種とブルゲリは夏でも多くの光量を必要とするため過度の遮光は禁物で、遮光率が 50％を超えないようにする。それ以外の大型種、小型種は比較的弱光にも耐えるので、直射日光の当たらない明るい日陰で過ごさせてもよい。

コノフィツム栽培カレンダー

	1	2	3	4	5	6	7	8	9	10	11	12	（月）
生長サイクル	生育緩慢			生育			休眠				生育		
置き場		0 ～ 50％遮光					30 ～ 70％遮光				0 ～ 50％遮光		
水やり	1 ～ 2 週に 1 回			週に 1 回			2 週に 1 回				週に 1 回		
肥料										生育期に月 1 回			
作業									植えかえ・株分け・挿し木・タネまき				

植えかえないで数年放置すると、球体が小粒になって花があまり咲かなくなる。そんなときは株分けする。鉢から抜いたら根鉢を崩し、指先で軽くもむようにして古い培養土や細根をすべて取り除く。同時に新球の周りの殻も取り除いてやるとよいだろう。次に太い茎を縦方向に裂くようにして株分けする。株分け後は腐敗防止のために数日から１週間ほど日陰で干して、茎や根の切断面を十分に乾燥させて傷口をふさぐ。

右下図のように、球体が培養土に埋まらないように植えつける。そのままではグラグラして倒れてしまうので、小砂利や硬質赤玉土を株元に敷き詰めて球体を支えるようにする。植えかえ終了後は十分に灌水し、直射日光を避けて２週間ほど明るい日陰に置く。

7 | 挿し木（適期：9〜11月）

苗を増やす目的以外に、枝が伸びて姿が乱れた株や、夏の間に茎が枯れ込んで球体シワシワのまま膨らまない株の仕立直しにも挿し木が有効だ。カッターナイフなどで茎を切り戻すが、球体につけておく茎の長さは１～２㎜あれば十分で、長く残しておいても発根率が悪くなるだけのようだ。切り口は数日から１週間ほど日陰で乾燥させてから、通常の培養土、あるいは腐植質を含まない培養土に挿す。挿すというよりものせる感じなので、球体が倒れないように小砂利などを敷いて支えておく。挿し木後は十分灌水して最初の１カ月間くらいは明るい日陰に置くと、２週間ほどで発根が始まる。球体にシワが寄りにくくなったら発根が進んだと考えてよいので、徐々に直射日光の当たる場所に移動させる。挿し木の重要ポイントは培養土の湿り気を適度に保つことで、乾燥していると絶対に発根しない。

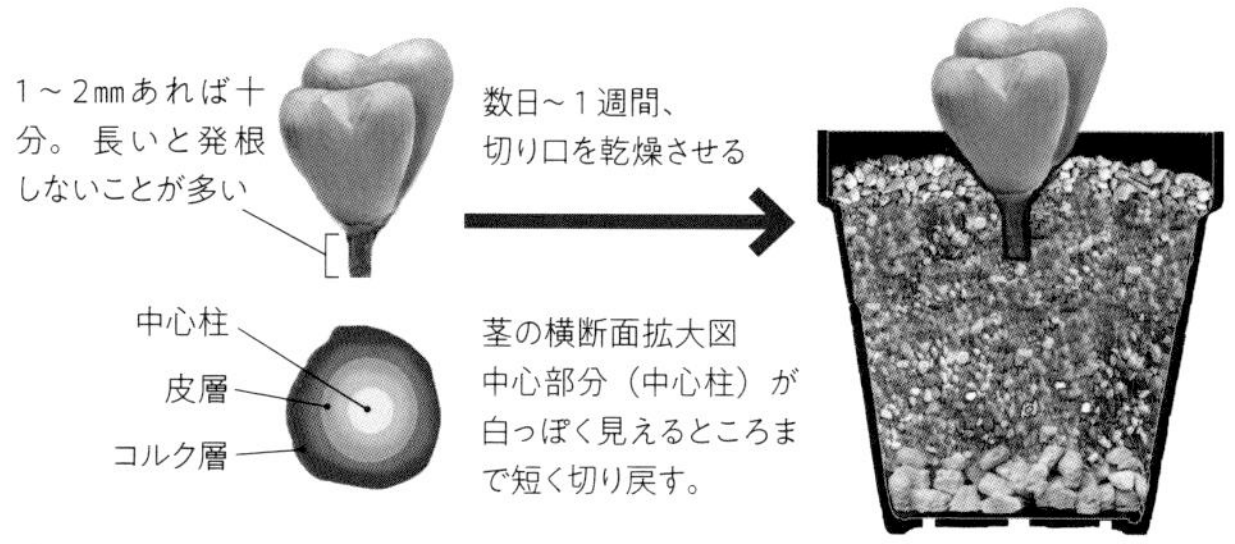

１～２㎜あれば十分。長いと発根しないことが多い
数日～１週間、切り口を乾燥させる
中心柱
皮層
コルク層
茎の横断面拡大図
中心部分（中心柱）が白っぽく見えるところまで短く切り戻す。

8 | 病害虫やトラブル

・ネジラミ（サボテンネコナカイガラムシ）

根につく白い小さな小判型の虫で、綿のようなものをかぶっている場合もある。根から吸汁して栄養分を奪うので、植えかえ時にGFオルトラン粒剤などを培養土に混入する。

・二重脱皮

コノフィツムが二重脱皮を起こすことはあまり多くはないが、オフタルモフィルム節をはじめとする有窓類は、休眠期の灌水量が多いと二重脱皮を起こしやすいようだ。

気温 コノフィツムは高温にも耐える植物で、盛夏のころは外気温が40度に達することもある場所でも特に問題なく過ごしている。ただし、自生地の最高気温はナミビアに近い地域でも35度程度なので、温室やフレームなどで栽培する場合は積極的に通風を図って、施設内部に熱がこもることのないようにしたい。

水やり 大型種と有窓種は、週に１回から２週間に１回、ごく軽く散水する。散水量は球体を濡らす程度か培養土が１㎝程度湿る程度でよい。有窓類のマウガニー、ペルシダム、アクツムなどは、二重脱皮や徒長を防ぐために完全断水も可能。小型種とブルゲリは、１週間に１～２回程度、軽く散水。生育再開は早い種では８月中旬から、多くの種は９月から、脱皮が始まったら灌水量を徐々に増やす。

5 | 培養土

コノフィツムの根は細く弱く、数日単位で極端な乾湿が繰り返されることを嫌う。灌水後に適度な湿気を１週間ほど維持する培養土が理想的だ。

赤玉土（細粒～小粒）：鹿沼土（細粒～小粒）：腐植質（腐葉土やバーク堆肥を５㎜のふるいを通したもの）＝４：２：１　くらいで配合。大型種では小粒の割合を多く、小型種ではすべて細粒にするなど調整。

肥料

緩効性の化成肥料を元肥として培養土に少量混入し１年間追肥は不要。植えかえしないものは液肥（ハイポネックスなどを1000～2000倍に希釈したもの）を生育期に月１回程度。

6 | 植えかえ・株分け（適期：9〜11月）

９～11月が植えかえや株分けの適期。寒くなると生育が悪くなるので、なるべく早い時期に植えかえてやりたい。開花中の株でも植えかえて大丈夫だ。頭数が増えて球体が小さくなった株、茎の一部が枯死したり茎が長く伸びて姿が乱れた株は、鉢増ししたり株分けして姿を整えてやる。

方法

鉢増しする場合は、鉢から抜いたら根鉢はあまり崩さないよう、鉢底に当たる部分を１㎝程度崩すだけにとどめて一回り大きな鉢に植えかえる。培養土の配合が極端に変わると新しい培養土になじまずに根が伸びないことがあるので、できるだけ同じ組成のものを使うようにする。

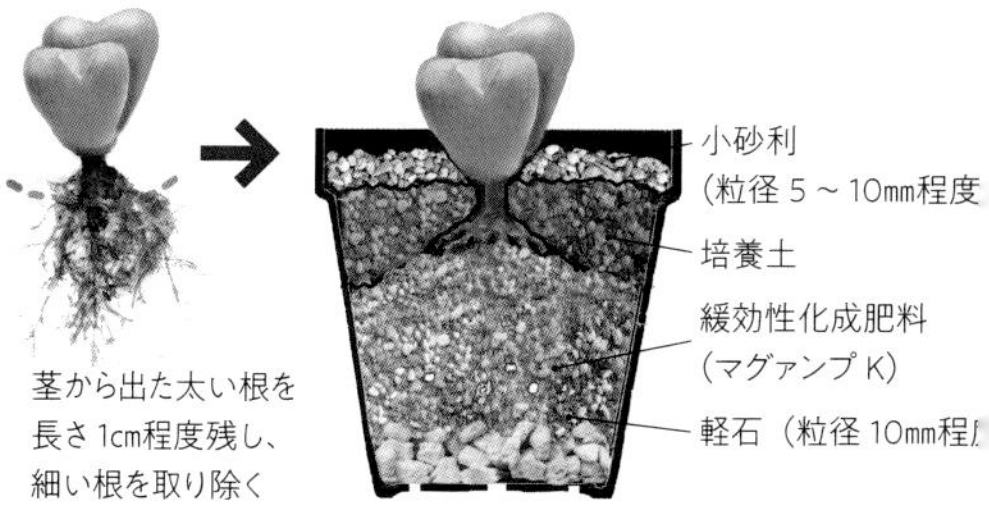

茎から出た太い根を長さ1㎝程度残し、細い根を取り除く
小砂利（粒径５～10㎜程度
培養土
緩効性化成肥料（マグァンプK）
軽石（粒径10㎜程

交配とタネまき

クリックルクスムの実生株。突然変異で白花株が出現した。望外の喜びの一瞬。

ウィッテベルゲンセの実生苗。これから好みの模様を選抜する。

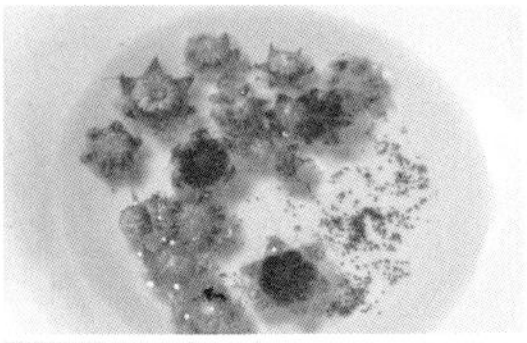
①小皿に水を張り、カプセルを入れると数分で開くので、水中でタネを揉み出す。

②小皿を傾け、水をそっと捨ててから放置し、タネを十分に乾燥させる。

①実生のすすめ

少し栽培に慣れたら実生にチャレンジしてはいかがだろうか。少しテクニックを要するが、ときに意図しなかった美しい個体が現れて我々を驚かせてくれる。また、ブルゲリやマウガニーなどのまれにしか分頭しない種類は実生が唯一の増殖方法だ。タネまきから開花まで最低でも３年から４年はかかるが、それだけに開花したときの達成感や喜びは格別だ。

②タネとり

一部の例外を除き同じ株に咲いた花同士を交配しても結実しないので、遺伝的に異なる２株以上の開花株を用意する。交配には、ティッシュペーパーで作ったこよりやペイント用ハケの毛を切り取って使う。雌しべには受精に適した時期があるため、日を開けて何度か授粉を繰り返す。昆虫による意図せぬ交配を防ぐため、用いる株は開花前と交配後しばらくは、鉢を網で覆うなどして隔離しておく。翌年の初夏以降、カプセル（果実）が茶色く乾いたら完熟したものとみなし、小さなハサミで切り取って保存するか、中からタネを取り出して保存する。密封容器に入れて冷蔵庫（4度程度）で保存すれば少なくとも10年は発芽能力を維持できる。

③タネまきの方法

タネまきをするのは8月下旬～10月いっぱいがよい。遅くなると生長が遅れるため夏越しが難しくなる。培養土の組成や肥料などは成株と同様でよいが、粒径は細かめのほうがよい。コノフィツムのタネは0.2㎜程度とホコリのように小さいため、二つ折りにした白い紙の上にタネをのせ、播種床の上で紙をトントンと指で軽くはじいてタネまきをする。7㎝角の鉢なら100粒くらいがちょうどよい。

タネまき後は深さ1㎝ほどに水を張ったバットや皿に鉢を置き底面給水とする。置き場所は通常の栽培と同じでよい。まだ残暑の厳しい9月なら70％くらいの遮光ネットを張っておく。空中湿度が高すぎると芽生えが透明なゼリー状になってとろけてしまうので、風通しのよい場所に置く。早いものでは数日後には発芽が始まり、遅いものだと3～4週間かかる。ある程度発芽がそろったら立枯病を防ぐためにベンレート水和剤などをスプレーするとよい。

④実生の栽培管理

タネまき後数カ月たったら上面灌水に切り替える。底面給水を続けると水分過剰となりコケや藻類がはびこりやすくなるためだ。タネまき後１年間は絶対に水をきらしてはいけないが過湿もよくない。表土に使った赤玉土の色をよく観察して、少し白っぽく乾いてきたらすぐに目の細かいジョウロなどでタップリ灌水する。暑い夏の間はやや乾き気味がよいが、培養土をカラカラに乾かさないように適度な土壌湿度を維持する。

タネまき1年後には直径5㎜前後の大きさになる。発芽の偏りや混みすぎがあれば最初の移植を行う。7㎝角ポットに30本程度なら移植の必要はなく、そのままもう１年栽培してもかまわない。実生苗を移植する際は根を乾かさないほうがよく、培養土も少し湿らせておいたほうがよいだろう。移植後はすぐにたっぷりと灌水をし、成球の植えかえ時と同様に扱う。早いものでは2年で開花し始めるが、本来の姿になるには4～5年はかかるものが多い。

タネまき用土の一例

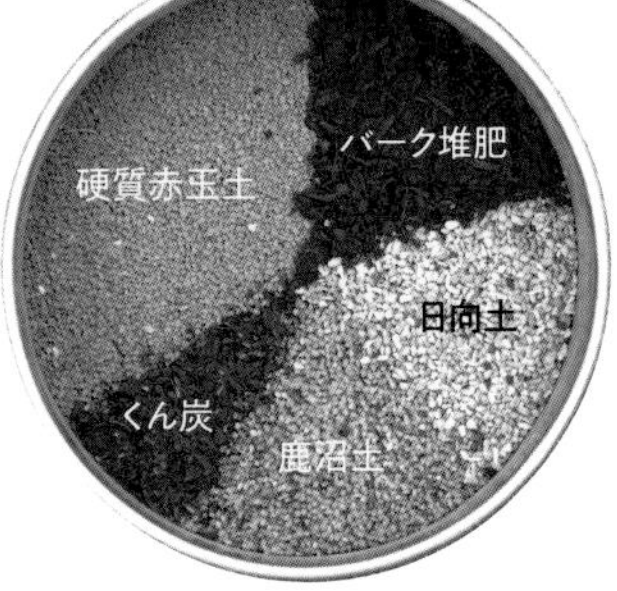

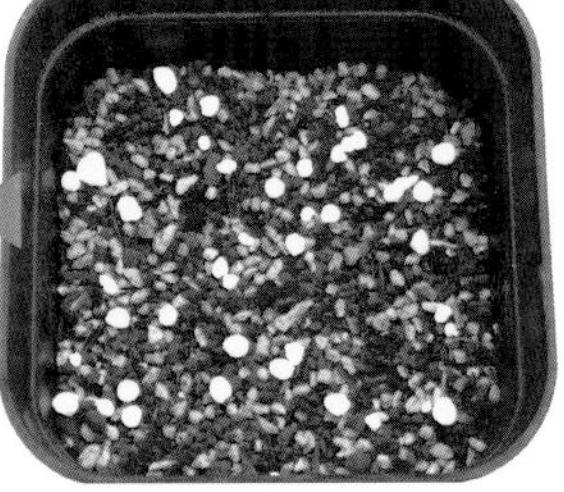
鉢の八分目くらいまで培養土を入れたら、緩効性化成肥料を適量入れる（白い粒）。

さらに培養土を入れ、最上層に硬質赤玉土（細粒）を厚さ2㎜に敷き詰める。

目の細かいジョウロなどで灌水し、みじんを洗い流した後、受け皿などを使って底面給水とする。ここにタネをまく。覆土はいらない。

ブルゲリの実生栽培

コノフィツム属の中でブルゲリは特別な存在だ。その特異な姿から、コノフィツムは知らなくてもブルゲリは知っているという人のほうが多いかもしれない。ブルゲリが初めて論文に記載されたのは1967年で、日本には1970年ごろには輸入されたようだ。おそらく他のコノフィツムと同様に栽培されたため、数年間維持するのがやっとだった。その後も栽培技術の向上はほとんどなく、高価な難物というイメージが定着してしまった。初夏のころに腐敗することが多いので、日本の高温多湿が失敗の原因とされた。そのため夏は日陰に置いてカラカラに乾燥させるのがよいとされてきたが、それでも成功率は依然低いのが現状だ。

ブルゲリ栽培成功のコツは114ページで解説した通り、夏の間も適度な水分を与えることと、他のコノフィツムよりは強めの日照を与えることだ。以前はタネまきから開花まで7～8年かかるとされたブルゲリだが、ここに示す方法によれば最短で3年で初開花が見られる。種子も以前よりは安価で入手しやすくなったので、開花株の扱いに慣れてきたら、少しハードルの高い実生に挑戦してはどうだろうか。

開花株が2株以上あれば自家採種することが可能だ。1カプセルに数百粒の種子が入っている。

ブルゲリの種子は発芽適温が高いので、タネまき適期は8月下旬から9月中旬。発芽には日数を要し、出そろうには3週間かかる。用土を乾かさないように注意する。

実生の置き場所は親株と同じでよい。なるべく日照時間を確保する。多少加温できれば生育は促進される。

夏は遮光率50%程度の場所に置き、灌水を続ける。酷暑のころも絶対に乾かしきってはいけない。

タネまきから1年たって実生苗同士がぶつかりあうようになったら移植する。実生苗の直径は5㎜程度になっている。用土は実生用と同じか、粒径をやや大きくして排水性を高めてもよい。
植えつけたらすぐにたっぷりと灌水し、2週間ほどは明るい日陰に置いて養生した後は、親株と同じように扱ってよい。

タネまきから3年後、最初の移植から2年すると苗同士がぶつかりあうようになるので、植え広げるか1株ずつに分けて小鉢に定植する。上手に管理できれば、3年で約半数の株で初開花が見られ、4年後にはほとんどの株が開花する。

国際多肉植物協会 会長小林 浩

「多肉植物3/4世紀 若気の至り編」

文・絵／石倉ヒロユキ

昭和50年代、東京都世田谷上馬の自宅の庭。マダガスカルからの荷物を広げて、愛車サニーのハッチバックにもパキポディウムが積まれている。

戦後のサボテンブーム、狂乱の時代

昭和30年代、戦後のサボテンブームがやってきた。日本経済は復興から高度成長へと向かい、それは人々が平和な日々と豊かな暮らしを求め始めた証しだったのかもしれない。

花屋や百貨店の屋上では、それまで見たことのない形のサボテンや多肉植物が並び、赤い花をつけたシャコバサボテンはどこでも一大人気。南米ブラジルの産地に自生している樹上多肉植物がすっかり鉢に納まって園芸植物になっていた。苗や鉢物を生産するため、温暖な愛知や静岡では多くの農家がサボテンなどの花卉生産へ転業した。サボテンの挿し芽や接ぎ木、実生の技術も急激に進化し、一般的な園芸として認識されるようになっていく時代だったのだ。

このころ、サボテン輸入や苗販売に積極的に取り組んだ男がいた。龍《りゅう》胆《たん》寺《じ》雄《ゆう》、小説家でありながら世界各地の情報をもって、輸入植物の個人輸入にも乗り出した超趣味家だ。その店は小田急江ノ島線沿線にあり、「砂漠植物研究会」という看板をあげていた。小林は、神奈川への仕事にかこつけて中央林間駅までいそいそと出かけた。

その駅は林間都市として開発され区画整理された街並みで、当時は檀一雄などの都内の文筆家も引っ越してきた魅力的な場所。しかし、松林を抜けて15分も歩くと民家もなく、ポツンと平屋の自宅の隣に木製温室の屋根が見える。中に入ると、「闘角牛」、「歓喜天」など、これまで見たこともない希少品種がそこに並べてあるのだ。奥から、タバコをくわえていかにも作家風の男がにらみつけてきた。小林が手にとったパキポディウムは、半分しおれたもので活着するかどうかの株だったが、やはり希少株。小林が買うことをためらっていると、肩越しに龍胆寺の声がした。「腐る心配すんなら、買うんじゃねぇ」。威圧的な言葉と内心を見透かされたことで、その日は何も買えずに東京に戻ってしまったのだった。

しかし、その言葉によって小林は個人輸入への気持ちを強くもった。アフリカのかの地であっても、個人で輸入している人がいるのだから、自分にもできないはずはない。その思いは強くなり、個人輸入への思いは広がっていった。

個人輸入の黎明期

勤務する株式会社ソニーは急激に規模を拡大し、小林も研究所でカラーTVやポラロイドフィルムの開発に多忙な日々が続いた。昼休みには弁当を食いながら、米国の業者へ注文交渉の手紙を書き、会社の前にあったポストへエアーメールを投函。何カ国かに何通もの手紙を書くので、頭の中はそれらの品種と値段のことでいっぱい。「Dear Mr. Lavranos, I wish to import your succulent plants……」、単刀直入な英語だけでも多肉植物への情熱は伝わるもの、3週間ほどで返事は戻ってきた。

ネットで海外通販が可能な時代ではない。海外のサボテン多肉植物雑誌を定期購読し、その広告欄をくまなくチェックする。「海外発送可能！」「リトープス　売ります！」などのキャッチコピーを見つけ、手紙で問い合わせる。海外の多肉植物愛好家の仲間と文通で情報交換。海外に開かれた心の窓は、常に新しい品種へ向けられていたわけだ。サンマリナ、シェラム、ドンケラー、ケーレス、ウーリック、エドストームス、デービット・グエラ（メキシコ）、アルフレッド（マダガスカル）など、世界各地のナーセリーや趣味家とのネットワークができ始めていたころだった。

コノフィツムの人気種、ブルゲリ。現地のものは、薄皮を10枚もつけていた。自生地の株は、これを日よけとしている。

米国サボテン雑誌の三行広告から始まったビジネスは、妄想の凧のように太平洋を越えていったが、現実は「小林くん！　ここのデータ、書類はどうなっているんだ！」と、上司に喝を入れられることも度々だった。

25才から手探りで始めた個人輸入は、北米や欧州、マダガスカルにも業者のルートをもつことができた。小回りの利く個人輸入の小林は、輸入株の先陣を切っていたが、1ドルは360円で送金額の制限や、その度に住民票提出という手間もあった。しかし、麻薬などの違法性がなければ、ほとんどの植物品種が検疫などの心配もなく輸入できた、なんとも自由な時代だった。

全国各地に サボテン愛好会が

小林が所属した「多肉植物趣味の会」は、昭和40年に男庭初代会長と30人ほどが立ち上げた日本初の多肉植物の会。小林もその設立メンバーだった。それまで中高年の文化系インテリ趣味とされていたサボテン派と多肉植物派は、一線を画すところがあった。

月に一度は、東京・東中野の会長宅に集い、定例会と呼ばれる酒宴が行われた。会長はその度ごとに酒や肴を振る舞うのだから、豪胆な大趣味家でなくては務まらない。インターネットなどの手軽な情報入手がかなわない時代、定例会では栽培の状況や、直近に入手した珍品の自慢話、輸入株の最新情報などの会話が続く。

そして、持ち寄った苗の即売が始まると、空気が一変する。くじ引きで順番を決めて苗を取り合うのだが、どの苗を選ぶかでも戦々恐々。その場の熱気は果てしなく深夜まで続くのだった。

関東ではサボテン愛好会が多く存在し、そこでは株の売り買いを「競り会」で行っていた。競り会とは、会員が持ち寄った株を会員が値段を競って落とすもの。魚河岸でもサザビーズでも、競り台に「アンコ」と呼ばれる進行役がいる。そのアンコが、「発句（スタート価格）」とともに、品種の解説、調子のよいセリ声とテンポで、株のよい点を見て誉めたり、冗談も合わせて競り場を盛り上げる。アンコは品種の解説を交えながら値段を上げていく。「三千、三千……さぁ、ないか！　ないか！」

次に「バル！　バルだよ！」と荷主から声がかかる。そんなひと声でたいていの株は売れた。バルとは「var.」のことで、学名では種小名の後につく「変種」の意味をさす符号だ。変種だか新種だか、そもそも原種の

姿も定かでない品種でも、この「バル！だ」の掛け声に、酒も入って血走った目がいっそうギラギラとし、高値必至と奇声が飛び交った。

そんな人気の株は、競り合って高値になるが、誰もがもっていそうな品種には値がつかない。多肉植物はどこの会でも「葉っぱ」と呼ばれて不人気、形の整わないものは「クズ、ゴミ」扱いだった。

サボテン派は、和名のついた名品、高額品種を漁るが、多肉植物派の人たちは学名で判断して希少品種を探す。

どちらも転売して商売とするセミプロも少なくなかった。彼らが酒宴と競り会を繰り返す度に、サボテンや多肉植物の市場相場は、ぐんぐん上がっていったという時代。小林も個人輸入した株を定期的に競り会で売るようになる。

ある有名サボテン愛好会のアンコK氏は、常に競り場を任されていた。内輪の会の競りなので、K氏も適当に入札に参加しつつ競りは進む。そのK氏は、自分の欲しい株の競りになると、早めに自分に落札したり利己的な競りが露骨だったので、とうとう会から除名されてしまったという話もあった。和気あいあいとしたなかにも、参加者全員の金銭的な欲望がアンコに鋭くも集中し、私欲を許さなかったわけだ。

そのなかで昭和47年ごろに輸入した「銀冠玉」は、それまでは入手困難だった希少種。まんじゅうのような刺のないサボテンで刺座からは毛の束を出す、株の「1稜が1万円」といわれるほど高額品種だった。

これをメキシコのグエラから何度も輸入できたときのことだ。

ネット通販もない時代だったが、「小林が銀冠玉（ロフォフォラ）を大量に仕入れたそうだ！」という噂は愛好家の間に瞬く間に広がったらしく、羽田の検疫に荷物を取りに行った翌日から、家の電話にはその株の件で問い合わせがひっきりなしにかかってきた。あまりの副業電話に本人も妻も閉口してしまった。

だが、その箱の中には30稜の最良品株もあって、これに30万円を出しても買いたいというヤクザな強者もいた。今なら２００万円ほどの価格だろうか、手のひらにのるくらいのサボテンに金を惜しまない人たちがわれ先にと良品、希少品、珍品を求めたのだから、その狂乱ぶりが想像いただけるだろう。

今では「銀冠玉」の普及品なら、数千円でも買える品種になっていることにも今昔の感があるが、苦い記憶もひとつある。

自分が輸入する株の高騰に有頂天になっていたころだ。「米国から危険なサボテンを輸入した馬鹿な若造が御社にはいるぞ！」と、勤務するソニーに垂れ込んだ男がいた。メディアの人間を装って、企業から口止め料を狙うヤツだ。この話は上層部まで届き、「そんなヤツはクビだっ！」と社長も激怒、あわや懲戒免職、人生も終わったかという最大のピンチだった。

このロフォフォラ種には、メスカリンと呼ばれる幻覚作用成分があり、古くよりアメリカインディアンが痛み止めや、幻覚作用を求めて祭儀に使ったものだ。ちなみに、この幻覚成分は野生の自生株に高濃度で存在し、栽培株ではそれほど保有しないようだ。そして、この種の取り扱いは日本の法律で規制されていなかったので、結果的には会社からのおとがめもなかった。首の皮一枚残った。

だが、現在でも米国やメキシコ、欧米ではロフォフォラ種の売買、流通は禁止されていて、直近（２０１９年）のベルギーで開催された多肉植物即売会（ＥＬＫ）でも、日本からの「銀冠玉」が税関で差し止めされたということがあったのだ。１９７０年代、ヒッピーがこっそりＬＳＤの代用品として愛用したとされるサボテン。今でも海外では注視されている品種だが、自生地では激減しているということだ。

初めての自生地
北米ニューメキシコへ

そのころにメキシコから輸入され始めた「兜」も大人気で、その中にあった優良選抜株から「スーパー兜」「ミラクル兜」ができたことは、周知のことだろう。指先ほどの小さな増殖株が5万円もして、とても素人が買えるものではないのに、店に並ぶと誰かが買っていく。これを命名した佐藤勉氏（日本カクタス企画社）は20代後半だったが、「恩塚ランポー」も独占販売し、一躍業界のトップクラスに躍り出ることとなった。

その時期には、老舗のシャボテン社、鶴仙園、竹尾シャボテン、山城愛仙園、黒田芳明園などがあった。どの店にも、「鸞鳳玉」をはじめ「花籠」、「春星」、「烏羽玉」、「牡丹」などの米国やメキシコ産現地株が、どこから入ってきたのかずらりと並んでいた。

それまで欧州や北米、メキシコなどからあまたの株を輸入してきた小林だったが、いよいよ自生地へ直接仕入れに赴くチャンスが巡ってきた。

現在では輸出を全面的に制限している品種も多いが、ワシントン条約（ＣＩＴＥＳ）発効以前の時代はおおらかだった。

米国西海岸からニューメキシコ州などの半砂漠地域にある野生株を採取することは、私有地でなければとがめられないし、誰もその植物に権利を主張することのない放任されたもので、小林が渡米するのも「サボテン採取の旅」という、今では眉をひそめてしまうような計画だった。

この旅に誘ったのが、最先端のコレクションを集める江隈光夫さんだ。実家の会社に在籍しながらも、既に多肉植物を求めソマリアやマダガスカルへの渡航を経験するほどの最先端を走る人物、小林の1才年下で、当時37才。互いに多肉植物の知識をもった最強コンビの渡米といえる。

だが、小林には大きな不安があった。１９６６年2月には全日空機が羽田沖に墜落、その年3月にカナダ太平洋航空が羽田空港着陸失敗。その翌日、英国海外航空が乱気流で富士山に墜落と、立て続けに航空機事故があったのだ。そのころは、飛行機に搭乗すること自体が命がけという人も多く、小林も念仏こそ唱えないものの祈る気持ちで渡米を決意したのだった。その前年から太平洋便に就航したボーイング７４７はジャンボジェットと呼ばれた巨大な機体。あまりの大きさに、羽田空港のボーディングブリッジが届かず。滑走路から長い階段を上って搭乗した。機内は映画館かと思うほどの広さで、それまでの不安も忘れてしまうほどだった。渡航した日はパンアメリカン航空乗務員のストライキで、ロサンゼルスに到着すると、私服に着替えてしまったスチュワーデス（キャビンアテンダント）たちは、笑顔の挨拶もなく乗客よりも先に降りてしまったという残念な記憶があるが、無事に到着した高揚感は代え難いものだった。

旅は国内線でエルパソまで飛び、レンタカーでデイビット・ゲイラのナーセリーがあるトレオンを訪ねるところから始まった。日本では大人気の「銀冠玉」、それも〝綴化〟を持ち帰ることが、二人の第一目標で、数日間の荒野の探索で5個のそれを入手することもできた。

読者には、誠に不謹慎な表現ではあるが、「この1株で旅費は賄えた！」という恐ろしくもあり、遠いおとぎばなしのような旅であった。

エピテランタ綴化。20㎝を超える大株。今では自生地でも見られない。

「銀冠玉」などを植え込んでみた写真。
しかし、自生地に行ってみると、石ではなく
細かな泥地に生えていた。

ワシントン条約で何が変わるのか！ 誰も想像していなかった

今では、若い趣味家でも「ＣＩＴＥＳ Ⅰ類です」といえば、それが国際的に保護されるべき品種で、パンダやオランウータン同様に容易に売り買いなどもできない種であることは認知されている。

人間は強欲な生き物で、手に入らないとなると欲しくなる。それまで不人気だったサボテンの「花籠」や「精巧丸」が、輸入できないとなると、急に話題になり価格も高騰した。

そのワシントン条約とは、「絶滅のおそれのある野生動植物の種の国際取引における条約：Convention on International Trade in Endangered Species of Wild Fauna and Flora」で、通称サイテス（ＣＩＴＥＳ）といっている。アメリカのワシントンで１９７３年３月３日に採択され、１９７５年に発効したが、日本が加盟したのは１９８０年のことだ。

サボテン多肉植物業界でも注目されるⅠ種は、既に絶滅のおそれがあり、「輸出入取引禁止」のもので、これは絶滅が危惧されるリストのわずか３％の種が指定されている。無論、アフリカゾウとその象牙もこれにあたり、日本や中国の印鑑などへの利用が、今でも物議をかもすところだ。その他、Ⅱ類、Ⅲ類については、生息国政府が取引が持続可能であると判断し、許可書の申請などの手続きを踏めば取引が可能。このリストは、２年ごとに開かれる会議によって改訂されている。

だが日本が加盟したころ、サボテンや多肉植物業者や趣味家たちにとっては、その意義や厳守の意識は鼻クソほどもなかっただろうと思う。まず、人気の「兜」（アストロフィツム・アステリアス）がＣＩＴＥＳに上がったのは、日本人が現地株を何万個も輸入したせいだとか、今も笑い話のように語られる。

日本は加盟したものの、その品種数の多さもあってか、当時は植物検疫については無策だった。国内に個人が持ち込む植物も、申請書類の名前が正しいのか間違っているのかも判断できなかったようだ。

現在ではＣＩＴＥＳ Ⅰ類を持ち出すことも、持ち込むこともできない。Ⅱ類は書類を準備し、栽培地でナーセリーが栽培したことが証明されなければならない。

Ⅰ類を所持すると、毎年それを証明する書類を申請し、個人が売買することは制限されている。規則としてはかなり厳しく、違法する場合は地域警察の生活安全課が調べにやってくるのだから有名無実とはいえない。

ドイツからベルギー 欧州趣味家が大集合！

米国や欧州のナーセリー巡りの旅を幾度か経験したころ、ドイツのケルン郊外のナーセリーを訪ねた年のことだ。

この旅で訪ねた「エキゾチカ（１９８３〜２０１６）」は、小林のみならず、後には日本の業者、趣味家に多大なる影響をもたらす発信源となる場所だった。夫のスペックス氏が運営し、妻が栽培管理から出荷までを受け持っていた。メセン類はないが珍しい多肉植物がそろっていて品質はよいのだが、ドイツでさえもそれほどお客さんがいないようだった。日本人としては小林が最初の客だった。

日本から小林に同行していたＳ氏は、「トウェンティ！ トウェンティ！」と、どの株も20本買うのでスペックス氏は目を丸くしてしまった。

日本からの業者は、海外旅行には腹巻の中に札束を入れて買いつけに歩いたという、昭和の勢いのある時代だった。

そしてもうひとつ、オランダのコック氏から「ヒロシ、ベルギーのＥＬＫに行かないか？」と誘われた。世界の多肉植物情報を握っているつもりだった小林だが、「ＥＬＫって何？」と、その存在をまったく知らなかったのだ。うかつなことに、これが世界最大の多肉植物のコンベンション（即売会）。会場では、多肉植物に関しての一流のレクチャーもあり、素晴らしい会だったのだ。

単身欧州の多肉旅、断る理由などどこにあるだろう。大きなワゴン車だったが、図体のでかいドイツ人とオランダ人、そして小柄な小林の6人。みなが膝の上に自分のトランクを抱いたまま速度制限なしのアウトバーンを激走する。オランダ、ベルギーの国境通過など瞬きするほどで、3時間ほどでブリュッセル西北の大西洋を望む町、ブラクケンベルゲに到着した。

ＥＬＫは、欧州各国の多肉植物愛好家が集い、プロもアマチュアもそろって行う即売会イベントなのだ。

会場となっているリゾートホテルには、英国、フランス、ドイツ、ベルギーなどのナンバーをつけた車、百数十台が多肉植物を積んで集まっていた。そんなコンベンションを極東日本の趣味家たちは誰一人として知らなかったわけだ。

会場では、１ｍ幅のテーブルを安価（現在は£16）で出店することができるのだという。

小林は来年の出店をその場で予約した。以来30年になるだろうか、9月ＥＬＫへの旅は欠席することなく続いている。

翌年から小林が日本から持ち込んだのは、ハオルチアが主体だった。形がコロンと小さく、乾燥に強く、何といっても日本の美しい交配種は、欧州では珍しいからだ。品種改良された「玉扇」、「万象」などは、欧州の趣味家からは宝石のように見えたに違いない。

欧州の多肉植物愛好家は、日本よりも年齢層は高く毎年高齢化を感じてしまう。日本同様、男性が8割くらいだろうか、夫婦で来場する人たちも少なくないようだ。3日間の開催で、初日の小林はテーブルに植物を並べることなく会場で珍品買い付けに回る。まだ日本に入っていない希少種を探すのだが、これは初見での判断力、多肉植物品種全般の知識が問われるわけだ。売り手にもプロもアマチュアもいて、日本人のように正直ではない。

ドイツ語、フランス語、英語……学名だけはなんとか共通だが、通貨がユーロに統一される前は、現金のやりとりだけでも苦労した。また、とんでもないセールストークで値段をふっかけるヤツもいるし、買い手も値切ってくるのは当たり前、人混みに紛れてポケットに入れてしまうような紳士ヅラの趣味家だっている。

万引き男に「ヘイ！　ユー！」と言っても「今、支払うつもりだったんだよ」としらばっくれる。そこから強く言えないところが日本人。腹も立てたいところだが、まぁまぁまぁと思ってしまうのが小林だった。

しかし、国境を越えてのおおらかなその空気感を、小林はすこぶる気に入ったのだった。

コノフィツムのコレクター、ホジソンさんを英国に訪ねた。

預金残高が500円になった日

少し晩婚ではあったが32才で結婚し、１年後には長女を授かった。ソニーの仕事は、栃木に新設された工場に転勤し、東京と栃木を往復する充実の時代だった。

給料のほとんどは家人に渡し、自分の預金口座の中で植物売買は成り立っていた。生来無頓着で一人っ子として不自由なく育てられたからか「なんとかなるかぁ〜」という40年間だった。海外からの個人輸入、売れれば利益も大きいが、勇んで仕入れてもお客のつかない品種も多々あった。

アフリカから発送してくれる業者には、米国、英国、ドイツ、オランダ、日本、一国に一人の買取人が決まっていて、その日本窓口に小林はなっていた。南アフリカ、マダガスカル、ナミビア、ソマリア、ケニアなどの見たことのない未知の品種が送られてくるのだ。それらが段ボール箱の国際郵便で毎週届くシステムだった。

開封すると、新聞紙に包んだ苗が20〜30本単位で品種名の札がつけられ、請求書も入っている。腐ったりしていることも多く、売れるもの、売れないもの、そのまま枯れるもの……どんなものでも勉強だと思って買い取っていたが、箱を開けることが怖くなったこともあった。

ハオルチアのコレクタ、コエルマニオラムなど、それまで国内には１本しかなかった希少株も送られてきた。だが、まったくの不人気で買い手がつかない品種もあった。アロエ・エリナケア、ペラルゴニウム・シプトリフォラムなど栽培方法もわからない品種も数えきれない。今ならば、その魅力に気づく趣味家も少なからずいるはずだ。

個人輸入は基本的には先払い。別品種が届いたり、腐っていたり、いつまでも株が届かず、丸ごと損することもある。

それまで信頼して取引していた、マダガスカルのアルフレッド氏が病に倒れたという知らせが届き、回復を祈ったものの、彼に前渡しした１５０万円も一緒に天国に召されてしまったのだ。涙も出なかった。

ある日気がつくと、自分の銀行口座の預金残高が「５００円」になっていた。サラリーマンとしては、それなりに汗をかいて勤務していたので月給だけは保証されていた。しかし、それを多肉植物の運転資金に流用することは絶対に許されない。その行為は犯罪以上、家庭を失うことと同義だった。

小林は、温室にあった自慢のコレクションを売りさばいて、次の資金を捻出するという、自転車操業がしばらく続いた。世の中はバブルの絶頂期、不動産や株価は高騰して、誰もが豊かさを疑わないころだったが、小林のもとには多肉植物価格高騰の話はやってこなかった。

サボテン、多肉植物の愛好会、同好会存続の極意

戦後のサボテンブームから、全国には雨後のタケノコのごとく愛好会、同好会が誕生した。情報が少ない時代だったので、株の購入から栽培の手ほどきまで、愛好家はどこかの会に所属したものだ。人によっては、地域の愛好会ではことたらずに複数の会に所属し、会ごとの売り買いを渡り歩くものもいた。

よき時代を知る小澤博之氏は、現在でも全国20以上の会員を20年以上続け、年会費を欠かさず支払っているという。これは、大小の即売会のパスポートのようなもので、呼ばれればどこにだって競り苗を持参し、国内の最新情報をいち早く獲得しているわけだ。

関東には、生産や販売の業者中心の日本サボテン狂人会、愛好家が集う東京カクタスクラブ、大小の同好会などがあり、北海道から九州まで全国各地で活発な活動をしていた。

どの会も主たる活動は交換会や品評会で、時には会長の自宅で酒宴と競り会をもつのは、関東地域の一部愛好会だけのようだ。ヤフオクもな

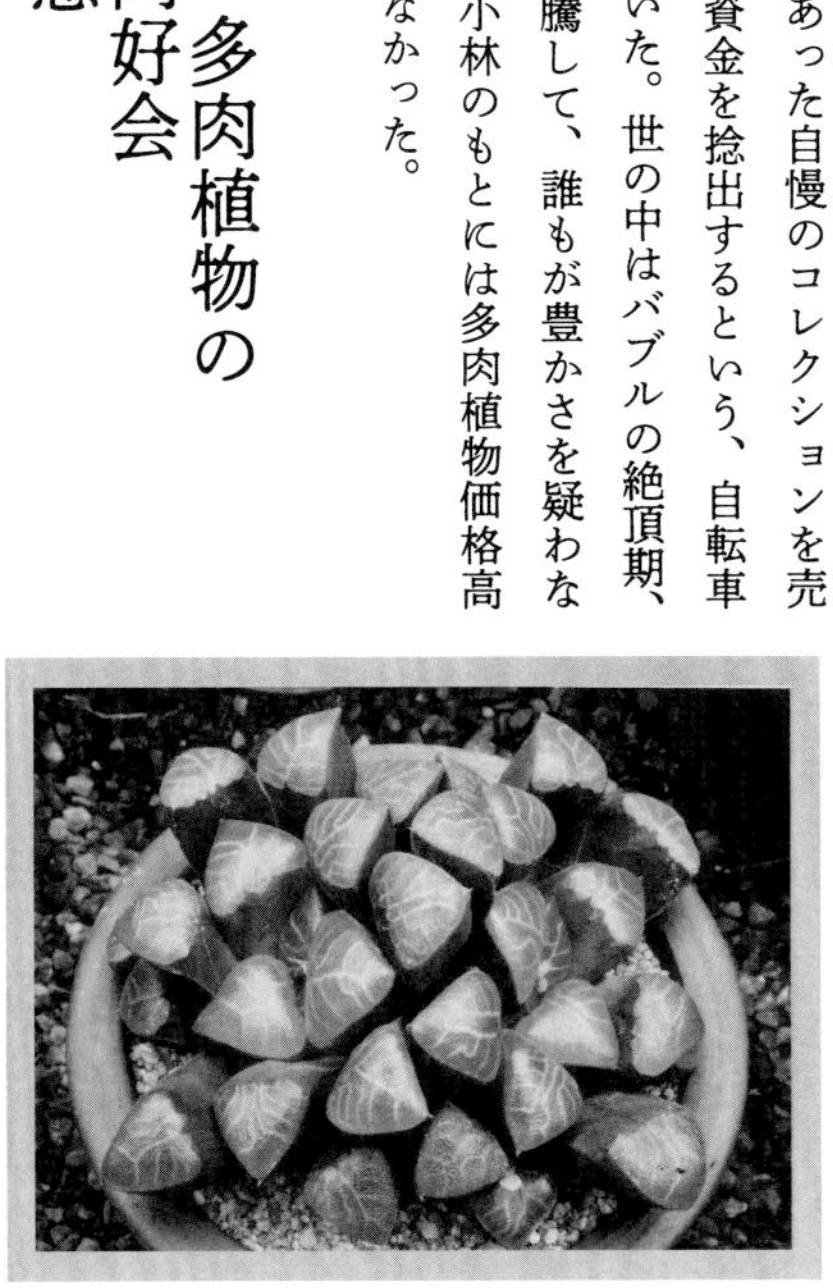

ハオルチア・ベイエリー（コレクタ）の良品が次々と輸入された。超人気で高額だったため、「小林はアレで、新築した」という陰口も。

い時代には、自由に売り買いできる場だったために、愛好家の熱い視線は競り場に集中したのだろう。とはいえ、会の熱気はサボテンや多肉植物への思いが吹き出したような場だったに違いない。

　この競りでは手数料として価格の10％を会に支払うのが一般的で、これが会として重要な運営資金だった。プロも集まる日本サボテン狂人会は、この手数料を「３％」として、競りの活性化を図っていたため会員数は急激に伸び、今も私設の市場となっている。

現在の主な趣味家の会

北海道地区
北海道カクタスクラブ

北陸地区
北陸シャボテン協会、三条カクタスクラブ、柏崎カクタスクラブ、富山サボテンクラブ、新潟サボテンクラブ

関東地区
信州サボテンクラブ、埼玉サボテンクラブ、埼玉多肉サボテン友の会、横浜カクタスクラブ

東海地区
名古屋サボテンクラブ

中国地区
島根サボテン・多肉の会、岡山サボテン同好会

近畿地区
淡路多肉同好会、和歌山シャボテンクラブ、伊賀カクタスクラブ、京都シャボテンクラブ

四国地区
香川カクタスクラブ

九州地区
九州サボテンクラブ、佐賀カクタス同好会、熊本サボテン同好会

バブル崩壊 趣味家のため息

　１９９１年、銀行が抱えた不良債権は四大証券会社を将棋倒しのように襲い、日本の株価はピーク時の59％にまで暴落した。

　都内にあった有名K園には、毎月１００万円以上も購入する優良顧客が3人もいたそうだが、バブル崩壊後には彼らの姿があっさり消えてしまったという。

　しかし、30年前のサボテン業者の面々には、不景気の波を乗り切るだけの力があった。

「サボテン屋はつぶれない！」と言われるように、バブル崩壊で倒産業者の話は聞かない。その商売の実態は世の中の製造販売業とはかなり異なるからだろう。

　基本的にはいつもニコニコ現金取引、定価も値段表示もされず、その場の気分で売り買いされ、領収書も書かないところだって少なくない。個人経営で、納税などとは無縁のところだってあるだろう。税務署が調査しても調べようがない。在庫の株は簡単に枯れないし、年数がたてば大きくなっている。株から子が吹けば、それも商品。サボテン好きの店主にとっては、趣味と実益を兼ねた願ってもない商売なのだ。

　すっかり元気を失った日本経済、多肉植物仲間もまた精彩を欠いていた。そんな時期にも小林は、黙々と株の輸入を続けた。サラリーマンとしては、賞与の額面はガクッと下がったとはいえ安定した月給はあり、所属する日本多肉植物の会では会報誌の編集担当として充実した日々だった。

　会の競りは、以前のような盛り上がりには欠けた。それまで高値だった品種には、それほどの値がつかず、それは不動産屋と同じような下落の一途。かたや小林がもってくる少量の輸入株、その巧みな品種選びもあって、常にそれなりの値付けとなり人気だった。

　そんな小林の勢いは、会の中で異端の存在となっていたのかもしれない。「輸入株は、儲かるか？」と、皮肉交じりの挨拶の声もあった。そんな時期に「即売の価格上限を、１株１０００円までとします！」と、A会長からは突然の発表があった。高額な輸入人気株を出品する自分へのやっかみなのだと、小林も気づく。

　そして、小林が会の備品を横領しているという噂まで聞こえてきた。「小林くんが会のワープロを私物化してるのよ！」、そんな話になっているようだ。広報編集作業を一手に引き受けていたので、ワープロを会予算で購入。作業は自宅で行うので、ワープロが自宅にあることは間違いない。挙げ句の果ては「会報を自分の輸入株のカタログにしている」とか「FAXも自分の輸入作業のために購入した」という、根拠もない卑劣な陰口になっていた。

　バブル崩壊という経済の引き潮は、多くのものを小林からも奪ったが、愛する多肉植物への思いは何も変わらなかった。理想とするおおらかで、誰もが自由に多肉植物を楽しむことができる会を、そろそろ自分自身が立ち上げるときがきたのだと小林は確信したのだった。

スタッフ
企画制作　株式会社レジア
クリエイティブディレクション　石倉ヒロユキ
写真　石倉ヒロユキ、小野寺瑞穂、佐野 馨、
まさだともこ、Shabomaniac!、前川英之、
吉田雅浩、茂木康一、小久保かずひろ、
土志田忠昭、conocono
テキスト　石倉ヒロユキ、前川英之、Shabomaniac!、
conocono、土屋 悟
デザイン　若月恭子、上條美来、安藤寿々
校正　大塚美紀（聚珍社）
編集担当　平井麻理
編集デスク　三宅川修慶（主婦の友社）

取材協力　小久保かずひろ

監修
藤川史雄（SPECIES NURSERY）

参考文献
Peter Goldblatt、John C. Manning、Deirdre A. Snijman 著
『Color Encyclopedia of Cape Bulbs』
John C. Manning著『Southern African Wild Flowers』
『多肉植物&コーデックス GuideBook』（主婦の友社）

ビザールプランツ 冬型《ふゆがた》 珍《ちん》奇《き》植物最新情報《しょくぶつさいしんじょうほう》

令和2年2月20日　第1刷発行
令和6年5月31日　第4刷発行
編　者　主婦の友社
発行者　平野健一
発行所　株式会社主婦の友社
〒141-0021 東京都品川区上大崎3-1-1 目黒セントラルスクエア
電話：03-5280-7537（内容・不良品等のお問い合わせ）
049-259-1236（販売）
印刷所　大日本印刷株式会社

■本のご注文は、お近くの書店または主婦の友社コールセンター（電話0120-916-892）まで。
＊お問い合わせ受付時間　月～金（祝日を除く）　10:00～16:00
＊個人のお客さまからのよくある質問のご案内https://shufunotomo.co.jp/faq/

ISBN978-4-07-438386-3